Rolf Krenzer · Auf einmal ist der Frühling da

Rolf Krenzer

AUF EINMAL IST DER FRÜHLING DA

Neue Geschichten, Spiele
und Lieder
von Rolf Krenzer und Martin Göth

mit vielen bunten Bildern
von Iris Buchholz, Stefan Horst
und Elke Junker

Verlag Ernst Kaufmann

Zu den fünfzehn neuen Liedern dieses Buches
gibt es eine CD,
die beim Verlag Ernst Kaufmann
unter der Nr. 3-7806-2378-1
bestellt werden kann.

Die Deutsche Bibliothek – CIP-Einheitsaufnahme

Krenzer, Rolf:
Auf einmal ist der Frühling da / Rolf Krenzer.
Neue Geschichten, Spiele und viele neue Spiellieder
von Rolf Krenzer und Martin Göth. Mit vielen
bunten Bildern von Iris Buchholz ...
– Lahr: Kaufmann, 1996
ISBN 3-7806-2376-5
NE: Göth, Martin [Komp.]; Buchholz, Iris [Ill.]

1. Auflage 1996

Hergestellt bei Kösel GmbH, Kempten
ISBN 3-7806-2376-5

Inhaltsverzeichnis

Heut ist Muttertag

Was man im Frühjahr erleben kann

Vorwort

Je länger der Winter dauert, desto sehnlicher wünschen alle sich den Frühling herbei. Das Erwachen der Natur ist jedes Jahr von neuem ein Ereignis, das uns in seinen Bann zieht. Je besser es uns gelingt, Kindern dieses Wunder nahezubringen, sie erfahren zu lassen, wie überall neues Leben sich entfaltet, desto engagierter werden sie sich später für die Erhaltung der Schöpfung einsetzen, von der unser Überleben abhängt.

Aber zum Frühling gehört nicht nur die Freude an der erwachenden Natur, sondern auch Ostern und Pfingsten, der erste April und der Muttertag. Alle diese Höhepunkte werden in diesem Buch mit vielen neuen Geschichten, Gedichten, Spielen und Liedern so vorgestellt, daß sie nicht nur Kindern viel Spaß bereiten, sondern Erzieherinnen und Erzieher, Lehrerinnen und Lehrer, Eltern, Großeltern und alle, die sich mit Kindern im Vorschul- und Grundschulalter beschäftigen, sich von dieser Freude anstecken lassen können.

Kinder, die beim Vorlesen oder Singen gern mit ins Buch schauen, finden bei den Geschichten und Liedern viele Bilder, die zum eigenen Entdecken anregen.

Alle Krenzer-Lieder, die fur diese Sammlung neu entstanden sind, wurden von Martin Göth komponiert und mit vielen Kindern und Originalinstrumenten auf der gleichnamigen CD „Auf einmal ist der Frühling da“ vom Verlag Ernst Kaufmann herausgebracht.

AUF EINMAL IST DER FRÜHLING DA

Endlich ist der Frühling da

Text: Rolf Krenzer, Melodie: Martin Göth

Da ruft der Frosch: „Quak, quak!
Der erste Frühlingstag!“
Quak, quak, quak, quak, quak, quak, quak, quak!
Kuckuck, Kuckuck, Kuckuck, Kuckuck, hurra!
Endlich, endlich ist der Frühling da!

Froh stimmt der Fink mit ein
im hellen Sonnenschein:
Tiri liri tiri liri tiri liri tiri.
Quak, quak, quak, quak, quak, quak, quak, quak!
Kuckuck, Kuckuck, Kuckuck, Kuckuck, hurra! Endlich...

Die Bienen schwärmen aus
aus ihrem Bienenhaus.
Summ summ, brumm brumm, summ summ, brumm brumm!
Tiri liri tiri liri tiri liri tiri.
Quak, quak, quak, quak, quak, quak, quak, quak!
Kuckuck, Kuckuck, Kuckuck, Kuckuck, hurra! Endlich...

Der Storch kommt auch zurück
und klappert voller Glück.
Klapp klapp klapp klapp klapp klapp klapp klapp.
Summ summ, brumm brumm, summ summ, brumm brumm!
Tiri liri tiri liri tiri liri tiri.
Quak, quak, quak, quak, quak, quak, quak, quak!
Kuckuck, Kuckuck, Kuckuck, Kuckuck, hurra! Endlich...

Drum singen alle Leut'
zur schönen Frühlingszeit:
Lalalalalalala!
Klapp klapp klapp klapp klapp klapp klapp klapp.
Summ summ, brumm brumm, summ summ, brumm brumm!
Tiri liri tiri liri tiri liri tiri.
Quak, quak, quak, quak, quak, quak, quak, quak!
Kuckuck, Kuckuck, Kuckuck, Kuckuck, hurra!
Endlich, endlich ist der Frühling da!

Wir stellen die einzelnen Tiere und zum Schluß die Menschen dar und zeigen mit unseren fröhlichen Tierlauten und Bewegungen, wie sehr wir uns über den Frühling freuen, der endlich wieder da ist.

Auf einmal ist der Frühling da

Endlich ist es warm geworden.
Schnell zieh' ich die Jacke aus.
Zwischen grauen Winterwolken
guckt die Sonne hell heraus.

Laut hör' ich die Vögel singen,
und ich werd' vor Freude stumm.
Schaut nur, bunte Blumen blühen
in den Gärten ringsherum.

Wißt ihr, daß ich heute morgen
schon die erste Biene sah?
Leute, kommt mit mir nach draußen!
Endlich ist der Frühling da!

Das Märchen vom Schneeglöckchen

Vor langer Zeit hat Gott alles geschaffen, was es auf der Erde gibt. Besonders viel Mühe hat er sich mit den Blumen gegeben. Jede Blume wollte einen ganz besonderen Duft haben. Und jede natürlich auch eine ganz besondere Farbe.
Als die Farben und Düfte noch im Überfluß vorhanden waren, da erfüllte Gott den Blumen ihre Wünsche. Die Rose trug ein rotes Kleid und duftete atemberaubend. Die Nelke war ganz vornehm rosa und duftete verschwenderisch.
Und erst die Orchideen!
Keine kam zu kurz. Sparte Gott einmal mit der Farbe, dann schenkte er der Blume dafür den herrlichsten Duft. Und war der Duft einmal nicht so sehr aufregend, dann schenkte er der Blume herrliche Farben. Man braucht sich nur die gelben Blüten des Löwenzahns anzusehen, um das zu begreifen. Und wenn der Löwenzahn auch nicht so außergewöhnlich riecht wie das Veilchen, so ist das noch lange kein Grund, ihn „Käseblume" zu nennen, wie es leider manche Leute tun.
Als Gott endlich fertig war, da sah er sich glücklich und zufrieden um. Eine Blume war schöner als die andere. Jede Blume war unverwechselbar.
Als Gott sich so richtig freute, hörte er plötzlich ein winziges, piepsiges Stimmchen unter sich. Und als er sich erstaunt nach unten bückte, erkannte er ein Blümchen, das ganz unscheinbar geblieben war, weil es keine Farbe abgekriegt hatte.
Gott hatte es einfach übersehen.
Das wird ihm jeder verzeihen, wenn man nur daran denkt, wie viele Blumen Gott geschaffen und wie prächtig er sie geschmückt hat: Das blaue Vergißmeinnicht, dessen Blau noch blauer als der Himmel ist, das tränende Herz mit seiner zarten Farbe und das Stiefmütterchen,

das so schön ist, daß man sich nicht satt sehen kann und es immer wieder anschauen muß. Das Edelweiß, das wie ein Stern strahlt, die Sonnenblume, die die Felder leuchten läßt, und der Raps, der so hell und gelb blüht, daß er den Winter vertreiben kann.

„O wei! O wei!“ sagte Gott und sah das kleine Ding voller Mitleid an.

„Wenn es nur ein bißchen Farbe wäre!“ meinte das Blümchen schüchtern.

„Grün habe ich noch!“ sagte Gott. „Genug für den Stengel und für die Blätter. Aber alle anderen Farben sind ausgemalt. Nicht ein einziger winziger Farbrest ist noch da.“

Traurig ließ das Blümchen seinen Kopf hängen. Da konnte Gott die winzigen Glocken sehen, die es an seinem Stengel trug. Ja, er erinnerte sich daran, mit wieviel Liebe er gerade diese Glöckchen geschaffen hatte. Sie waren ihm wunderbar gelungen. Und ausgerechnet dieses Blümchen hatte er übersehen!

Wenn er dem Löwenzahn nicht soviel gelbe Farbe aufgemalt hätte, dann hätte das Gelb sicher auch noch für dieses Blümchen gereicht. Und die Rose hätte ruhig etwas weniger Rot gebraucht. Sie war ohnedies ziemlich eingebildet!

Als sich Gott so umblickte und nach einem Trost für das Blümchen suchte, da entdeckte er auf der Erde einen winzigen Rest Schnee. Weißen, reinen Schnee. Eine Farbe, die Gott sehr liebte.

„Ich hab's!“ sagte er zu dem Blümchen. „Es wird ein bißchen kalt! Aber nur ein bißchen. Und dann ist es schon vorbei!“

Das Blümchen wartete geduldig und hoffnungsfroh auf das, was Gott nun tun würde. Und Gott nahm seinen Pinsel, hob damit den kleinen Schneerest behutsam auf und verteilte ihn auf den Glöckchen des Blümchens.

Es zuckte nur ein ganz kleines bißchen zusammen, als es so unerwartet auf seinen Glöckchen den kalten Schnee spürte. Aber dann war es schon vorbei.

„Schneeweiße Glöckchen hast du nun!“ sagte Gott. „Darum sollst du Schneeglöckchen heißen! Das ist der schönste Name, den man haben kann!“

Da nickte das Schneeglöckchen nur. Sprechen konnte es nicht. Es war so glücklich!

„Da gibt es noch etwas!“ sagte Gott. „Du darfst im Frühling als erste Blume blühen. Wenn noch Schnee liegt, kommst du heraus. Der Schnee tut dir nichts, denn ich habe dich mit weißem Schnee angemalt.“

Er streichelte das Schneeglöckchen zärtlich. „Glaub mir, wer dich im Schnee entdeckt, wird sich freuen. Denn dann dauert es nicht mehr lange, bis es Frühling wird.“

Sonne, hilf mir!

Text: Rolf Krenzer, Melodie: Martin Göth

Sonne, hilf mir!
Sonne, hilf mir,
jag den Winter doch hinaus!
Sonne, hilf mir!
Sonne, hilf mir,
ich zieh' schon die Mütze (den Mantel, die Jacke, die Strümpfe) aus.

Kommt der Winter, kommt der Winter,
kommt der Winter wieder, dann
zieh' ich wieder, zieh' ich wieder
schnell die Handschuh' an und die Mütze
auf und den Mantel dann
und die Jacke dann und die Strümpfe
an, daß der Winter, daß der Winter

Zu jeder Strophe wird etwas mehr ausgezogen. Aber dann, wenn der Winter wieder zurückkommt, müssen wir alles ganz schnell auch wieder anziehen. Wer schafft es am allerschnellsten? Natürlich kann der Winter auch nach der zweiten oder einer anderen Strophe wieder zurückkommen.

So treiben wir den Winter aus

Ein Spiel in sechs Bildern

Der Winter will und will nicht gehen. Erst als immer mehr Blumen ihre bunten Blüten öffnen, hält er es nicht mehr aus. Die bunten Farben tun seinen Augen weh. Es bleibt ihm und seinen Söhnen nichts anderes übrig, als endlich zu gehen.

Es spielen mit:
Der Winter (dicker Mantel, Pelzkragen, Pudelmütze auf dem Kopf, Handschuhe, Stiefel oder hohe Schuhe),
seine Söhne (weiße Anzüge oder Nachthemden oder weiße Umhänge, alle mit Mützen auf dem Kopf und Handschuhen an den Händen),
der Frühling (grünes Hemd, grüne Strumpfhosen oder andere grüne Kleidung),
die Sonne (gelber Strahlenkranz aus Plakatkarton ausgeschnitten),
Schneeglöckchen (Spieler tragen übergroße aus Karton oder steifer Pappe ausgeschnittene Schneeglöckchen, die entsprechend angemalt oder mit Buntpapier beklebt sind, in der Hand),
Buschwindröschen,
Tulpen,
Schlüsselblumen, Veilchen (alle mit der entsprechenden Blume in der Hand).
Alle Frühlingsblumen können auch ohne Kartonblume auftreten: die Schneeglöckchen mit weißen Tüchern, Kronen auf dem Kopf; die Buschwindröschen mit rosa Tüchern; die Tulpen mit roten, die Veilchen mit blauen, die Schlüsselblumen mit gelben usw.
Hecke (wird von mehreren Kindern, die eng nebeneinander stehen, mit Körper und Armen gebildet. Die Kinder halten grüne Blätter aus Papier oder Pappe oder grüne Bänder hinter sich verborgen).

1. Szene

Mitten auf der Bühne – etwas im Hintergrund – steht die Hecke. Hinter ihr verbirgt sich der Frühling. Er ist noch nicht zu sehen. Nur wer gut aufgepaßt hat, hat gesehen, wie er sich dort versteckt hat. Der Winter kommt mit seinen Söhnen.

Winter: Ein seltsamer Duft
liegt in der Luft.
Und diesen Duft, den mag ich nicht,
weil alles jetzt nach Frühling riecht.
Sucht und sucht! Sucht alles aus
und jagt ihn aus dem Land hinaus.
Alles Grün
muß fliehn!
Denn hier ist mein Reich!

Die Söhne eilen rastlos herum, suchen überall und kommen schließlich erschöpft wieder zu dem Winter zurück.

Söhne: Wir suchen sogleich!
Wir suchen sogleich!
Wir suchen und suchen,
wir suchen und suchen
den Frühling, den elenden Wicht.
Wir suchen und suchen,
wir suchen und suchen,
wir suchen und finden ihn nicht.

Winter: Sucht dort drüben nach ihm sogleich.

Söhne: Wir suchen ihn überall im Reich.
Wir suchen und suchen,
wir suchen und suchen
den Frühling, den elenden Wicht.

Wir suchen und suchen,
wir suchen und suchen,
wir suchen und finden ihn nicht.

Sie eilen nach der anderen Seite und gehen mit dem Winter ab.

2. Szene

Der Frühling schaut ganz vorsichtig hinter der Hecke hervor.

Frühling: Glück gehabt!
Er hat mich nicht erwischt!
Wenn er und seine Söhne regieren,
muß alles erfrieren,
und die Erde bleibt weiß
wie Schnee und Eis.
Noch immer höre ich Winterlieder!
O weh, da kommen sie schon wieder!
Ihr Hecken! Ihr Hecken!
Ihr müßt mich verstecken.

Der Frühling rennt zur Hecke zurück und versteckt sich dahinter. Gerade früh genug, denn schon kommt der Winter mit seinen Söhnen wieder zurück.

Söhne: Wir suchen und suchen,
wir suchen und suchen
den Frühling, den elenden Wicht.
Wir suchen und suchen,
wir suchen und suchen,
wir suchen und finden ihn nicht.

Winter: Frühlingsduft
liegt in der Luft.
Gebt keine Ruh!

Sucht immerzu.
Alles Grün
muß fliehn!

Söhne: Wir suchen und suchen,
wir suchen und suchen
den Frühling, den elenden Wicht.
Wir suchen und suchen,
wir suchen und suchen,
wir suchen und finden ihn nicht.

Sie eilen mit dem Winter wieder davon.

3. Szene

Die Sonne tritt auf und wird deutlich sichtbar. Der Frühling kommt wieder aus seinem Versteck.

Frühling: Hallo, Sonne! Schau mal runter!
Hier wird alles wieder munter.
Könnt' der Winter endlich gehn,
das wär' schön!
Hilf mir, Sonne, sei so gut,
jag ihn fort mit Sonnenglut!
Hilf mir, Sonne! Fang doch an!

Die Sonne streckt ihre Arme weit nach beiden Seiten aus.

Sonne: Sieh her! Ich tue, was ich kann!

Die Schneeglöckchen kommen hinter der Hecke hervor und lassen sich vor ihr nieder.

Schneeglöckchen: Schneeglöckchen blühen im Sonnenschein.
Schneeglöckchen läuten den Frühling ein.

Schneeglöckchen blühen im Frühling so schön!
Jetzt muß der Winter doch endlich gehn!

Frühling: Versteckt euch! Versteckt euch!
Ich wünsche euch Glück!
Seht nur, der Winter
kommt wieder zurück!

Die Schneeglöckchen krabbeln unter die Hecke. Man sieht nur ihre Köpfe mit den weißen Kopftüchern oder die Kartonblumen.

Frühling: Ihr Hecken, ihr Hecken!
Ihr müßt mich verstecken!

4. Szene

Der Winter kommt mit seinen Söhnen zurück.

Winter: Sucht und sucht! Schaut überall hin!
Es riecht nach Frühling!
Hier muß etwas blühn!
Alles Grün muß fliehn!

Söhne: Wir suchen und suchen,
wir suchen und suchen
den Frühling, den elenden Wicht.
Wir suchen und suchen,
wir suchen und suchen,
wir suchen und finden ihn nicht.

Winter: He, Sonne, verschwinde!
Sonst schick' ich dir Hagel und eisige Winde!

Sonne: Rühr mich nicht an! Rühr mich ja nicht an!
Ich tue, was ich will und was ich kann.

Winter: Was leuchtet dort unter der Hecke so weiß?

Einer der Söhne: Ach Vater, das ist nur Schnee und Eis!

Winter: Nur Schnee und Eis. So ist's mir recht!
Nun fangt den Frühling! Dann geht's ihm schlecht!

Sie eilen wieder davon.

Söhne: Wir suchen und suchen,
wir suchen und suchen
den Frühling, den elenden Wicht.
Wir suchen und suchen,
wir suchen und suchen,
wir suchen und finden ihn nicht.

5. Szene

Die Schneeglöckchen trauen sich nun viel weiter vor. Jetzt kommen auch die Buschwindröschen in die Mitte.

Buschwindröschen: Hallo, Frühling! Kannst du uns sehn?
Wir blühen und machen den Wald so schön.

Der Frühling geht zu ihnen und schaut sie bewundernd an.

Frühling: Ihr Buschwindröschen blüht wunderbar!
Ich grüße euch im neuen Jahr.
Paßt auf, daß euch der Winter nicht frißt.
Ihr wißt, wie kalt und eisig er ist.

Die Schlüsselblumen kommen nun auch.

Schlüsselblumen: Wir Schlüsselblumen machen bekannt:
Der Frühling ist endlich wieder im Land.

Der Winter muß gehn. Die Freude ist groß,
denn endlich sind wir den Winter los!

Frühling: O weh, o weh, wir haben kein Glück.
Hört nur, da kommt er noch einmal zurück.

Sonne: Frühling, bleib stehn und versteck dich nicht!
Schau ihm mutig ins Gesicht.
Sieh dich um. Schau, alle hier
halten ganz allein zu dir!
Schnee und Eis werden nichts nützen,
denn wir werden dich beschützen.

6. Szene

Der Winter braust mit seinen Söhnen heran, bleibt dann aber mit seinen Söhnen wie erstarrt stehen.

Söhne: Wir suchen und suchen,
wir suchen und suchen
den Frühling, den elenden Wicht.
Wir suchen und suchen,
wir suchen und suchen,
wir suchen und finden ihn nicht.

Winter: Wie tun mir meine Augen weh!
Nur Grün und Grün! Kein Eis! Kein Schnee!

Die Veilchen kommen und bauen sich vor dem Winter und seinen Söhnen auf.

Veilchen: Nicht Grün allein! Schau nur genau.
Wir Veilchen blühn und leuchten blau.

Jetzt kommen auch die Vergißmeinnicht.

Vergiß- meinnicht:	Und unser Blau, vergiß das nicht, das leuchtet hell im Sonnenlicht!

Die Schlüsselblumen und Tulpen kommen herbei.

Schlüssel- blumen:	 Und unser Gelb im leichten Wind!

Der Winter schreit auf, hält sich die Augen zu.

Winter:	Hört auf! Hört auf! Ich werde blind! Wo ist mein Weiß? Mein Schnee und Eis?
Tulpen:	Wir Tulpen blühen gelb und rot und weiß und rosa…
Winter:	Welche Not! Die vielen Farben blenden mich.
Frühling:	Du suchst den Frühling? Hier bin ich! Wenn du kämpfen willst, fang an, weil ich nicht länger warten kann.
Winter:	Die Sonne ist mir viel zu heiß! Ich kämpfe nur in Schnee und Eis!
Söhne:	Sag, Vater, wo ist unser Schnee? Wie tun uns unsre Augen weh! Wir halten's hier nicht länger aus!
Winter:	Kommt mit! Wir fliehen hier hinaus, weil nur der Frühling noch bestimmt, und er uns alle Freude nimmt. Das eine sag' ich euch ergrimmt: Der nächste Winter kommt bestimmt.

Frühling: Zieht ab! Wir woll'n nicht länger warten.
Die Wiese blüht. Es blüht im Garten!

Der Winter zieht mit seinen Söhnen ab.

Frühling: So viele Blumen ringsumher.
Und seht, es werden immer mehr!

Alle Blumen kommen hinzu.

Hier bin ich. Und ich freu' mich dran,
daß alles blühn und wachsen kann.
Und weil der Winter endlich zieht,
stimmt an ein frohes Frühlingslied.

Alle singen zusammen das folgende Lied *(Seite 28).*

Damit die Kinder, die den Winter mit seinen Söhnen dargestellt haben, auch dabeisein können, warten wir, bis sie sich blitzschnell auch als Blumen angezogen haben.

Seht nur, der Frühling liegt in der Luft

Text: Rolf Krenzer, Melodie: Martin Göth

Es fängt zu blühen dann
das Buschwindröschen an.
Blüht es auch ganz versteckt,
wir haben's doch entdeckt!
Und wer es sieht, der ruft:
Seht nur, der Frühling,
seht nur, der Frühling
liegt in der Luft.
Lala lala la la lala lala la,
lala lala la la lala lala la.

Jetzt blühn die Tulpen auf.
Da wartet jeder drauf.
Sie stehn und leuchten weit
in ihrem bunten Kleid.
Und wer sie sieht, der ruft:
Seht nur, der Frühling,
seht nur, der Frühling
liegt in der Luft.
Lala lala la la lala lala la,
lala lala la la lala lala la.

Nun blüht es um uns her.
Und es wird immer mehr.
So viele Blumen blühn
im frischen, hellen Grün.
Seht nur, was hier geschah…
Seht nur, der Frühling,
seht nur, der Frühling
ist wieder da!
Lala lala la la lala lala la,
lala lala la la lala lala la.

Blumen im Frühling

Gänseblümchen, Margeriten,
Löwenzahn, Vergißmeinnicht,
Himmelsschlüssel, Glockenblumen,
blühn im hellen Sonnenlicht.
Tulpen, Rosen, Anemonen –
blühen sie nicht wunderschön?
Kommst du mal, dann kannst du alle
hier in meinem Garten sehn.

Mein Kräutergarten

Schnittlauch, Borretsch, Petersilie,
Sauerampfer, Rosmarin,
Salbei, Liebstöckel, Melisse
stehn im Kräutergarten drin.
Thymian, Pfefferminz und Kresse
Pimpernell, Basilikum,
Oregano, Dill und Kerbel.
Sieh dich nur im Garten um!
Doch vergiß mir, Edeltraut,
nicht zum Schluß das Bohnenkraut!

Leckere Rezepte – frisch aus dem Kräutergarten

Ein paar *Pfefferminzblätter* aus dem Kräutergarten legst du in eine Kanne und gießt kochendes Wasser darüber. Der frische Pfefferminztee wird dann ganz zart grün und schmeckt mit und ohne Zucker oder Honig vorzüglich zum Abendessen. Wenn du ihn kalt werden läßt, löscht er an heißen Tagen deinen Durst.

Ebensogut schmeckt Tee aus frischen *Salbeiblättern.* Du darfst nur nicht zu viele Blättchen dazu nehmen, damit er nicht bitter wird. Er wird genauso zubereitet wie der Pfefferminztee und schmeckt heiß und kalt, mit und ohne Zucker.

Mit frischen Blättern der *Melisse* läßt sich ein Tee bereiten, der nach frischer Zitrone schmeckt. Kein Wunder, denn die Melisse heißt auch Zitronenmelisse. Kalt und heiß, mit und ohne Zucker, schmeckt er köstlich!

Liebstöckel kann man an die Eintopfsuppe schneiden. Nicht zuviel, denn das Kraut schmeckt stark nach Maggi. Deshalb heißt es auch *Maggikraut.* Wenn du es mit ein bißchen Wasser kochst, hast du eine dunkle Brühe, die du ebenfalls wie Maggi verwenden kannst.
Prinzessinnen und feine Damen betupften sich früher mit dieser Brühe ihr Gesicht, weil sie schöner werden wollten. Viele Mädchen versuchen das auch heute noch. Sie werden dann wunderschön und riechen, wenn man ihnen zu nahe kommt, ein bißchen nach Maggi.

Im Frühling kannst du ein *Kressebeet* anlegen. Deine Eltern helfen dir sicher dabei, wenn du in die Erde mit einem Stöckchen deinen Namen schreibst oder nur ganz groß den Anfangsbuchstaben deines Vornamens.
Dann streust du in die Rillen der Buchstaben Kressesamen und streichst darüber die Erde glatt. Nun mußt du warten. Aber es dauert nicht lange, da steht dein Name grün im Garten geschrieben. Die Kresse, die du gesät hast, ist aufgegangen! Wenn du sie jetzt abschneidest, schmeckt sie köstlich
auf dem Butterbrot,
auf dem Tomatenbrot,
auf dem Quarkbrot,
auf dem Schmandbrot
und im Salat
oder mit Quark und Pellkartoffeln.

Manchmal wird fein gehackte oder geschnittene Petersilie über die gekochten Kartoffeln gestreut, wenn sie auf den Tisch gebracht werden. Das sieht schön aus und macht Appetit.
Aber *Petersilienkartoffeln* sind ganz anders. Du mußt viel Petersilie aus dem Garten holen, sie gut waschen und dann ganz klein schneiden. Dann gibst du die Petersilie in eine Schüssel. Mit einer Gabel und einem Löffel wälzt du die gekochten Kartoffeln in der Petersilie. Sie schmecken köstlich!

Du kannst Schnittlauch, Petersilie und Kresse auch ganz klein schneiden und mit weicher Butter vermengen. Damit die Butter wieder richtig fest wird, muß sie danach in den Kühlschrank zurück.
Hast du schon einmal Pellkartoffeln mit *Schnittlauchbutter* oder ein Vollkornbrot mit *Petersilienbutter* oder ein Brot mit *Kressebutter* und darauf noch aufgeschnittene Tomaten oder Gurken probiert?
Du solltest es tun!

WARUM WIR JEDES JAHR OSTERN FEIERN

Auf einem Esel reitet Jesus in die Stadt hinein

Ein Lied zum Palmsonntag

Text: Rolf Krenzer, Melodie: Martin Göth

Auf einem Esel sitzt der König!
Laßt uns zu ihm gehn!
So drängt sich jeder dicht heran,
um ihn ganz nah zu sehn.
Hosianna, Gloria,
Herr, wir grüßen dich!
Du kommst im Namen Gottes her,
und du kommst auch für mich.

Mit grünen Zweigen winke ich dir
auf dem Esel zu.
„Gott hat dich selbst zu uns geschickt!“
ruft jeder, ich und du.
Hosianna, Gloria…

So breitet bunte Tücher aus!
Schleppt Teppiche heran,
damit der König auf dem Esel
drüber reiten kann!
Hosianna, Gloria…

Auf einem Esel reitet Jesus
in die Stadt hinein.
Da winken ihm die Leute zu,
weil sie sich so sehr freun.
Hosianna, Gloria…

Warum wir jedes Jahr Ostern feiern

Warum wir Weihnachten feiern, das wissen fast alle Kinder hier bei uns. Da wurde Jesus in Bethlehem geboren. Aber Ostern?
Als Jesus ein erwachsener Mann war, ist er durchs Land gezogen. Er war gut zu allen Menschen. Er tröstete die Traurigen, gab den Hungrigen zu essen und machte Kranke wieder gesund. Vor allem aber erzählte er den Menschen von Gott.

Damals glaubten die Menschen, Gott sei wie ein sehr strenger Lehrer. Sie glaubten, Gott hat nur *die* Menschen lieb, die sehr tüchtig und sehr fromm sind, die alle seine Gesetze ganz genau einhalten, in den heiligen Schriften lesen und jeden Tag die vorgeschriebenen Gebete sprechen. Jesus aber sagte: „Gott hat *alle* Menschen lieb. Er ist nicht wie ein strenger Lehrer, sondern wie ein guter Vater. Ein guter Vater hat alle seine Kinder lieb – nicht nur die starken und tüchtigen, sondern auch die kleinen und schwachen und ängstlichen."
Die Kleinen und Schwachen und Ängstlichen, die es oft nicht schafften, tüchtig und fromm zu sein, freuten sich über diese frohe Botschaft. Nun wußten sie, daß auch sie zu Gott kommen konnten. Viele von ihnen, Männer und Frauen, gingen mit Jesus und wurden seine Anhänger.

Die Tüchtigen und Frommen aber ärgerten sich. Sie glaubten nicht, was Jesus von Gott erzählte.
„Woher will dieser Jesus das wissen? Er tut ja so, als ob er mit Gott persönlich bekannt ist", sagten sie.
Als sie merkten, daß immer mehr Menschen Jesus glaubten, fingen sie an, ihn zu hassen. „Er erzählt den Menschen lauter Lügen von Gott", behaupteten sie. „Das ist verboten! Das muß bestraft werden!"

Jedes Jahr feierten die Menschen in der Stadt Jerusalem ein großes Fest, das Passa-Fest. Da zog auch Jesus mit seinen Freunden und Freundinnen hin. Auf einem Esel ritt er in die Stadt, und viele Menschen standen am Straßenrand und jubelten ihm zu wie einem König.
„Jesus! Jesus!“ riefen sie. „Du bist unser Retter! Dich hat Gott geschickt!“
Die Feinde von Jesus hörten das und sagten: „Wenn wir nicht bald etwas tun, dann werden die Leute noch verlangen, daß Jesus ihr König sein soll! Wir müssen aufpassen, daß er nicht zu mächtig wird.“

In Jerusalem ging Jesus zum Tempel, um in der Stille zu Gott zu beten. Aber welch ein Gedränge herrschte dort! Händler verkauften ihre Waren und wechselten Geld. Jesus wurde zornig, als er das sah: Im Tempel Gottes ging es zu wie in einem Kaufhaus beim Winterschlußverkauf!

Im Zorn stieß Jesus die Verkaufstische um, so daß die Waren zu Boden fielen, und verjagte die Händler.

Als seine Feinde das sahen, sagten sie: „Nun ist es genug! Dieser Jesus spielt sich auf, als hätte er die Macht in der Stadt und im Tempel."

Und sie beschlossen, ihn töten zu lassen.

In der Nacht schickten sie Soldaten aus. Die nahmen Jesus gefangen und führten ihn am nächsten Morgen vor den Richter. Seine Feinde klagten ihn an, er hätte den Leuten Lügen über Gott erzählt und den Händlern die Waren verdorben und das Geld weggenommen – lauter falsche Sachen. Schließlich behaupteten sie sogar, er wolle König werden. Da verurteilte der Richter Jesus wie einen Verbrecher zum Tod am Kreuz. Das war die schlimmste Strafe, die es gab.

Als Jesus gestorben war, kam einer von seinen Freunden, holte ihn vom Kreuz und legte ihn in eine Grabhöhle. Vor das Grab rollte er einen schweren Stein.

Zwei Tage später, am Ostermorgen, gingen einige von den Frauen, die zu Jesus gehört hatten, zu der Grabhöhle. Da sahen sie, daß der schwere Stein zur Seite geschoben war. Die Grabhöhle aber war leer. Plötzlich standen zwei Männer mit leuchtend weißen Kleidern vor ihnen und sagten: „Jesus ist nicht mehr hier. Er lebt. Gott hat ihn wieder lebendig gemacht."
Dann verschwanden die beiden Männer. Die Frauen aber eilten zu den Freunden von Jesus und erzählten ihnen, was sie erlebt hatten.
„Seid nicht mehr traurig", sagten sie. „Jesus lebt. Gott hat ihm neues Leben gegeben."
Als das die Feinde von Jesus erfuhren, wurden sie zornig. „Das ist nicht wahr", riefen sie. „Jesus ist tot!"

Aber sie irrten sich. Jesus ist lebendig geblieben bis zum heutigen Tag. Er lebt in den Herzen vieler Menschen.
Darüber freuen wir uns an Ostern. Wir freuen uns, daß Jesus lebt. Deshalb feiern wir jedes Jahr Ostern. Zur Erinnerung zünden wir die Osterkerze an.

Als Jesus zu dem Tempel kommt

Text: Rolf Krenzer, Melodie: Martin Göth

Viel Ziegen und viel Schafe gibt's
und Hühner obendrein.
Weil alle viel verkaufen wollen,
müssen sie so schrei'n.
Nein! Nein! Nein!
Das hält er nicht mehr aus.
Er jagt sie aus dem Tempel,
aus dem Gotteshaus hinaus.

Viel Schmuck und Kleider, Saft und
manche süße Schleckerei
und Krüge, Töpfe, Souvenirs, ja,
alles ist dabei.
Nein! Nein! Nein!
Das hält er nicht mehr aus.
Er jagt sie aus dem Tempel,
aus dem Gotteshaus hinaus.

Und wer nur großes Geld mit hat,
dem wechselt man es bald.
Viel Trubel, Krach und Lärm, daß es
von allen Seiten schallt.
Nein! Nein! Nein!
Das hält er nicht mehr aus.
Er jagt sie aus dem Tempel,
aus dem Gotteshaus heraus.

„Was treibt ihr da“, ruft Jesus laut,
„was habt ihr euch gedacht?
Ihr habt den Tempel, Gottes Haus,
zum Jahrmarktszelt gemacht.“
Nein! Nein! Nein!
Das hält er nicht mehr aus.
Er jagt sie aus dem Tempel,
aus dem Gotteshaus hinaus.

Dann wirft er Tische, Bänke um
und treibt sie all hinaus.
Da wird der Tempel auf einmal
auch wieder Gottes Haus.
Nein! Nein! Nein!
Das hält er nicht mehr aus.
Er jagt sie aus dem Tempel,
aus dem Gotteshaus hinaus.

Die Kinder haben zugesehn
und stimmen laut mit ein:
„Wer so was wagt und so was tut,
kann nur der König sein!“
Nein! Nein! Nein!
Das hält er nicht mehr aus.
Er jagt sie aus dem Tempel,
aus dem Gotteshaus hinaus.
Ja! Ja! Ja!
So jubeln sie ihm zu:
„Du jagst sie aus dem Gotteshaus,
denn Gottes Sohn bist du!“

Simons Bild

Simon ist ziemlich dick. Er ist der dickste Junge in der Gruppe. Meistens stört das Simon nicht.
Aber manchmal möchte er so dünn wie Andreas sein. Dann bringt er zum Frühstück Knäckebrot und Möhren und Kohlrabi mit. Doch das hält nicht lange an.
„Vielleicht streckt er sich ja noch, wenn er erst mal in die Schule kommt!“ hat Simons Mutter zu Frau Wildbolz gesagt.
„Er ist ja jetzt schon der größte Junge in meiner Gruppe!“ hat Frau Wildbolz geantwortet.
Simon ist ein freundlicher Junge. Er wird nur böse, wenn er von den anderen gehänselt wird. Doch das geschieht kaum noch, seit die Sache mit Charly Klein passiert ist.
Charly hat einmal *dicker Fettkloß* hinter ihm hergerufen. Da ist Simon so wild geworden, daß er auf Charly Klein losgesprungen ist. Charly hat laut gequiekt. So weh hat Simon ihm getan. Und Frau Wildbolz hatte alle Mühe, Simon von Charly loszureißen.
„Sag das nie wieder!“ hat sie zu Charly gesagt. Und Charly hat es sich gemerkt. Und dann sind ausgerechnet diese beiden Jungen Freunde geworden.

Wenn Frau Wildbolz den Kindern die Geschichten aus den Bilderbüchern vorliest, die sie im Kindergarten haben, dann freuen sich alle Kinder. Nur Simon ärgert sich manchmal, weil alle guten Kinder, alle tapferen Prinzen und Helden, alle edlen Könige und Ritter so dünn sind wie Andreas oder Stefan.
Nur die bösen Leute, die Geister und Zauberer in den Bilderbüchern, die sind immer dick und fett.
Dann sitzt Simon dabei und schwitzt vor Aufregung und hofft nur immer, daß niemand sagt: „Der ist so dick wie der Simon!“

Heute hat Frau Wildbolz eine Geschichte erzählt, die anders war als die Geschichten aus den Bilderbüchern. Es war eine Geschichte von Jesus.
Frau Wildbolz erzählte, wie Jesus einmal in Jerusalem in den Tempel ging, in das Haus Gottes, um dort still für sich zu beten. Doch als er hinkam, war dort ein Geschrei und Gedränge wie in einem Super-

markt. Händler boten ihre Waren an und schrien und lärmten. Jesus rief: „Was habt ihr aus dem Haus Gottes gemacht?" Und er stürmte auf die Händler los, warf ihre Tische um und jagte sie am Ende aus dem Tempel.
„Das ist einer!" sagte Simon. „Der hat sich was getraut."
Später wollte Simon unbedingt ein Bild von der Geschichte malen. Er gab sich große Mühe.
„Schau mal", sagte er, als Frau Wildbolz vorbeikam und sein Bild betrachtete. „Hier liegen die Tische auf der Erde. Da laufen die Leute davon. Und hier steht Jesus und wirft ihnen noch einen Tisch hinterher!"
„Wo steht Jesus?" fragte Frau Wildbolz.
„Hier!" sagte Simon und deutete mit seinem Finger auf einen riesigen, dicken Mann. „Siehst du doch."
„Der sieht ja aus wie Obelix!" meinte Frau Wildbolz zögernd. „Meinst du, Jesus wäre so dick und groß gewesen?"
„Klar! Sonst hätte er doch nicht die schweren Tische umwerfen können!" meinte Simon. „Und die schlimmen Leute hätten keine Angst vor ihm gehabt. Sie wären nicht vor Angst fortgelaufen!"
„Hm!" sagte Frau Wildbolz nachdenklich.
„Deshalb wollten sie ihn ja umbringen!" erklärte Simon. „Deshalb schickten sie auch so viele Soldaten los, um ihn zu fangen und zu fesseln. Deshalb haben sie ihn umgebracht! Dabei hat er gar nichts Böses getan!"
„Hm!" sagte Frau Wildbolz noch einmal.
„Das hast du selbst gesagt!" Simon ließ nicht locker. „Er hat sich nicht gewehrt, weil er keinem weh tun wollte. Alles hat er sich gefallen lassen."
„Na, ja!" sagte Frau Wildbolz schließlich. „Vielleicht hast du wirklich recht! Schenkst du mir dein Bild?"
„Gern!" antwortete Simon. Und dann fügte er hinzu: „So einer will ich auch mal werden – so einer wie der Jesus!"

Maria hat ihren Sohn verloren

Text: Rolf Krenzer, Melodie: Martin Göth

Johannes hat seinen Freund verloren,
Jesus, sein Freund, ist tot.
Ans Kreuz genagelt und umgebracht.
Das haben sie mit dem Freund gemacht.
O Gott! O Gott!
So groß ist seine Not…

Es haben die Jünger den Herrn verloren,
Jesus, der Herr, ist tot.
Ans Kreuz genagelt und umgebracht.
Das haben sie mit dem Herrn gemacht.
O Gott! O Gott!
So groß ist ihre Not…

Es haben die Frau'n ihr Liebstes verloren,
Jesus, ihr Liebstes, ist tot.
Ans Kreuz genagelt und umgebracht.
Das haben sie mit ihrem Liebsten gemacht.
O Gott! O Gott!
So groß ist ihre Not…

Hat Gott am Kreuz seinen Sohn verloren?
Glaubt nur! Ihr werdet es sehn!
Denn Jesus besiegt zum Schluß den Tod.
So endet das Leid, und so endet die Not.
Denn Gott, ja Gott
läßt Jesus auferstehn.

Das Spiel vom Tod und vom Leben

Ein Osterspiel mit Kerzen und Liedern

Zu dem folgenden Lied kommen alle, die mitspielen, mit einem brennenden Licht (Kerze, Leuchtlicht im Wasser, aufgemalte oder mit Buntpapier geklebte Kerze oder ähnliches) herein und stellen sich im Halbkreis auf. Alle haben den Kopf geneigt.
Links die Frauen, rechts die Freunde, in der Mitte Maria und Johannes, ganz rechts die Erzieherin. Die Erzieherin trägt keine Kerze, doch sie hat Streichhölzer dabei.
Im Hintergrund auf einem Tisch (Altar) steht die Osterkerze. Sie brennt nicht.
Alle singen (gegebenenfalls mit der Gemeinde): „Es geht ein Weinen um die Welt“ (siehe Seite 52).

Maria tritt mit ihrer Kerze vor.

Maria: Ich bin Maria.
Im Stall von Bethlehem habe ich Jesus zur Welt gebracht.
Er war ein besonderes Kind. Gott hatte große Dinge mit ihm vor.
Schon als Junge las er gern in den heiligen Büchern.
Und als er erwachsen war, zog er davon, um den Leuten von Gott zu erzählen.
Er tat es, weil Gott es so wollte.
Heute habe ich Jesus verloren.
Heute habe ich meinen Sohn verloren.

Sie bläst die Kerze aus und geht mit gesenktem Kopf an ihren Platz zurück.

Alle: *singen* „Maria hat ihren Sohn verloren“ (siehe S. 46).

Johannes kommt mit seiner brennenden Kerze nach vorn.

Johannes: Ich fischte zusammen mit meinen Brüdern.
Da kam Jesus zu uns.
Er fragte: „Wollt ihr mit mir kommen?
Ich will den Menschen von Gott erzählen!“
Wir sind mitgegangen.
Ich habe ihn so lieb gehabt.
Immer wollte ich ganz nah bei ihm sein.
Heute habe ich Jesus verloren.
Heute habe ich meinen Freund verloren.

Er bläst die Kerze aus und geht mit gesenktem Kopf an seinen Platz zurück.

Alle: *singen* „Johannes hat seinen Freund verloren.“

Die Jünger kommen mit ihren brennenden Kerzen nach vorn.

Die Jünger: *jeder spricht einen Satz*
Drei Jahre sind wir mit ihm durch das Land gezogen.
Wir haben gehört, was er gesagt hat.
Wir haben gesehen, was er getan hat.
Er hat so viele satt gemacht.
Er war stärker als Wind und Sturm.
Er hat Kranke gesund gemacht.
Schwache hat er stark gemacht.
Tote hat er aufgeweckt.
Er hat uns allen Mut gemacht.
Er war unser Meister.
Wir waren seine Jünger.
Wir haben ihn so geliebt!
Heute haben wir Jesus verloren.
Heute haben wir unseren Herrn verloren.

Sie blasen die Kerzen aus und gehen mit gesenktem Kopf an ihren Platz zurück.

Alle: *singen* „Es haben die Jünger den Herrn verloren."

Die Frauen kommen mit ihren brennenden Kerzen nach vorn.

Die Frauen: *jede spricht einen Satz*
Wir sind mit ihm gezogen.
Mit ihm und seinen Freunden.
Wir haben für ihn gesorgt.
Für ihn und für alle, die mit ihm zogen.
Wir haben gekocht.
Wir haben die Kleider gewaschen.
Wir waren da, wenn einer krank wurde.
Weil wir ihn so geliebt haben,
deshalb sind wir mit ihm gegangen.
Weil er die Kinder so liebte,
deshalb liebten wir ihn so.
Jede von uns liebte er.
Er hat keine übersehen, keinen vergessen.
Kein Kind! Keine Frau und keinen Mann!
Heute haben wir Jesus verloren.
Heute haben wir unser Liebstes verloren.

Sie blasen die Kerzen aus und gehen mit gesenktem Kopf an ihren Platz zurück.

Alle: *singen* „Es haben die Frau'n ihr Liebstes verloren."

Zur folgenden letzten Strophe geht die Erzieherin zu dem Tisch mit der Osterkerze. Die Kinder rücken zur Seite, so daß die Kerze von allen gesehen werden kann. Die Erzieherin zündet die Osterkerze an.

Alle: *singen* „Hat Gott am Kreuz seinen Sohn verloren?"

Die Kinder zünden ihre Lichter wieder an der Osterkerze an und tragen das Licht in die Gemeinde. Dazu singen alle die beiden letzten Strophen von „Es geht ein Weinen um die Welt", mit dem das Spiel begonnen hat.

Alle: *singen* „Es geht ein Freuen um die Welt."

Zwei weitere Osterspiele findet man in „Das wird ein Fest" – Spiele zum Neuen Testament für Kindergarten und Grundschule, Edition Kemper im Verlag Ernst Kaufmann, Lahr.

Es geht ein Weinen um die Welt

Text: Rolf Krenzer, Melodie: Martin Göth

Es geht ein Klagen um die Welt, denn Jesus lebt nicht mehr.
Es geht ein Klagen um die Welt. Uns ist das Herz so schwer.
Im Grab muß er nun liegen.
Davor ein schwerer Stein.
Ein Stein.
Und wir sind so allein.

Es geht ein Trauern um die Welt,
denn Jesus lebt nicht mehr.
Es geht ein Trauern um die Welt.
Uns ist das Herz so schwer.
Man hat ihn uns genommen,
und wir sind so allein.
Allein.
Und wir sind so allein.

Es geht ein Freuen um die Welt.
Schaut her, das Grab ist leer!
Es geht ein Freuen um die Welt,
und es wird immer mehr.
Gott ließ ihn auferstehen.
Kommt her und weint nicht mehr.
Kommt her!
Und es wird immer mehr.

Es geht ein Lachen um die Welt,
wir dürfen fröhlich sein.
Es geht ein Lachen um die Welt.
Wir sind nicht mehr allein!
Er lebt. Wir können Ostern
uns drum von Herzen freun.
Stimmt ein!
Er wird stets bei uns sein!

Unser Herr ist auferstanden

Text: Rolf Krenzer, Melodie: Martin Göth

Tritt ein Engel zu den Frauen.
„Geht und weint nicht mehr!
Sucht nicht hier nach einem Toten,
denn es lebt der Herr!"
Unser Herr ist auferstanden,
auferstanden ist der Herr!
Auferstanden! Auferstanden!
Darum weint nicht mehr!

Trauern um ihn viele Freunde,
ist ihr Herz so schwer.
Trauert nicht um einen Toten,
denn es lebt der Herr!
Unser Herr ist auferstanden…

Viele konnten es nicht glauben,
konnten's nicht verstehen,
doch dann sahen sie leibhaftig,
Jesus vor sich stehn.
Unser Herr ist auferstanden…

Jesus nahm sie in die Arme
und war nah, so nah.
Ostern ist er auferstanden
und ist immer da.
Unser Herr ist auferstanden…

SAG´, HÄSCHEN, WO HAST DU DIE EIER VERSTECKT

Sag, Häschen, wo hast du die Eier versteckt?

Text: Rolf Krenzer, Melodie: Martin Göth

Ach, Häschen, ich habe dir so sehr vertraut
und extra ein Nestchen im Garten gebaut
aus Gras und aus Moos,
nicht zu klein, nicht zu groß.
Was willst du noch mehr?
Doch mein Nestchen ist leer.
Ach, Häschen, ich bitte dich,
sag, wo sind die Eier für mich?

Ach, Häschen, am End' hab' ich dich noch erschreckt!
Vielleicht hast du sie ja noch gar nicht versteckt!
Sag, bin ich zu früh?
Sowas weiß man ja nie!
Es schlafen im Haus
sich die andern noch aus.
Ach, Häschen, ich bitte dich,
sag, wo sind die Eier für mich?

Ach, Häschen, ich such' jetzt kein einziges Ei!
Ich komm nach dem Frühstück erst wieder vorbei.
Da im Nest und im Gras,
Kinder, ist das ein Spaß!
Ich finde noch mehr.
Und mein Körbchen wird schwer!
Ach, Häschen, ich danke dir!
Nun freuen sich alle mit mir.

Osterhasenreime

Zwei Fingerspiele zu Ostern

Der kriegt ein Ei,
der kriegt zwei,
der kriegt drei,
der kriegt vier,
und der versteckt sie alle hier.

Der ißt gerne Eierkuchen,
der will Rührreier versuchen,
der mag Eierkäse sehr,
der mag Eierbrot noch mehr.
Nur der kleine Minimix
will Ostereier und sonst nix!

Dort ein Has'!

Dort ein Has'!
Ich knie im Gras
und schleiche mich an,
so nah ich kann.
Bin schon ganz nah...
Gleich bin ich da
und fass' ihn an am Stummelschwanz
ganz vorsichtig und ganz... ganz... ganz
behutsam. Dort, ja, dort!!!
Schade! Schade! Jetzt ist er schon fort!

Ostereier

Heut zur Osterfeier
gibt es Ostereier.
Für die Mama,
für den Papa,
fürs Schwesterlein,
fürs Brüderlein.
Jeder kriegt ein Ei,
aber ich krieg' zwei
oder drei.

Wenn du den Osterhasen siehst

Wenn du den Osterhasen siehst,
dann grüße ihn von mir.
Sag ihm, ich hab ein Nest gebaut
gleich bei der Gartentür.
Und sag ihm auch,
daß morgen früh
schon wieder Ostern ist,
damit er mich beim Eierlegen
morgen nicht vergißt!

Häschen, bring mir Ostereier

Häschen, bring mir Ostereier!
Häschen, bitte sehr!
Häschen, ohne Ostereier mag ich
Ostern nicht so sehr.

Osterhäschen, das wär' schön

Osterhäschen, das wär' schön:
Solltest du vorübergehn,
bleib in meinem Garten stehn.
Solltest du mein Nestchen sehn,
darfst du nicht gleich weitergehn.
Leg mir Eier in mein Nest
heut am schönen Osterfest.
Osterhäschen, das wär' schön!

Paul und Paulinchen

Acht Eier hat der Paul gegessen.
Acht an einem Tag.
Kein Wunder, daß der Paul jetzt keine
Ostereier mag.
Paulinchen hat nur drei gegessen.
Seht, ich wußt' es doch:
So reichen ihre Ostereier
bis zum Mittwoch noch.

Till Tillmanns Öko-Eier

„Ich will endlich Geld verdienen!“ hat Till Tillmann gesagt und mitten in seinen Garten ein Hühnerhaus mit einem Hühnerpferch gebaut.

Dann hat er sich fünf große gesunde Hühner gekauft. Er hat die Hühner gut gefüttert. Sie schliefen nachts im Hühnerstall, und am Tag scharrten und pickten sie im Pferch. Sie mußten nicht wie die Hühner in der Legebatterie ihr Leben fristen. Nein, bei Till Tillmann hatten es die Hühner gut.

Jetzt sollten sie nur noch Eier legen. Und damit fingen sie im März auch wirklich an. Till Tillmann ließ sich einen Stempel anfertigen und stempelte auf jedes Ei:

Beste frische Eier vom Öko-Hühner-Till

Eine Woche vor Ostern war Markt.

Da packte Till Tillmann die vierzig Eier, die sich inzwischen angesammelt hatten, in einen Korb, schwang sich auf sein Fahrrad und fuhr los.

Unterwegs machte er sich Gedanken, was er mit dem Geld anfangen würde, das er für die Öko-Eier bekam. Und weil ihm der Fahrtwind um die Ohren strich und niemand ihn hören konnte, fing er laut mit sich selbst zu reden an.

„Die Eier sind von Hühnern, die frei im Pferch herumlaufen dürfen. Also können sie auch ein bißchen teurer als die andern sein!“ sagte er.

„Wenn ich statt dreißig oder fünfunddreißig Pfennige ganze fünfzig Pfennige für ein Ei nehme, habe ich, wenn alle verkauft sind, zwanzig Mark! Fahre ich nächste Woche wieder zum Markt, kann ich – wenn alles gutgeht – wieder vierzig Eier verkaufen und habe noch zwanzig Mark dazu.

Wenn ich mir dann noch zwei junge Hühner dazukaufe, ergibt das pro Woche rund fünfzig Eier. Wenn ich dann wieder alle verkaufe und wieder neue Hühner kaufe, gibt es bald hundert frische Öko-Eier bei Till Tillmann auf dem Markt.
Wenn ich mir dann von dem Verdienst wieder neue Hühner kaufe, die auch ihre Eier legen, dann gibt es bald zweihundert frische Öko-Eier bei Till Tillmann auf dem Markt. Und wenn ich die alle verkaufe", Till Tillmann lachte laut, „dann kann ich wieder neue Hühner kaufen. Und dann gibt es bald vierhundert frische Öko-Eier bei Till Tillmann auf dem Markt.
Und im Herbst gibt es schon mindestens tausend frische Öko-Eier jede Woche bei Till Tillmann auf dem Markt!"
Till Tillmann sah Körbe voller Eier vor sich.
„Dann werde ich endlich viel Geld verdienen!" rief er laut und warf seine Arme vor Begeisterung hoch in die Luft. Da schlingerte sein Fahrrad, streifte an der Bordsteinkante und kippte um. Till Tillmann landete unsanft auf der Erde. Der Korb fiel herunter mit den Eiern und prallte auf das Pflaster.
Als Till Tillmann sich berappelt hatte und erfreut feststellte, daß ihm nichts weiter passiert war, kroch er zu dem Eierkorb und öffnete ihn. O weh, da war kein einziges Ei mehr heil.
Vorbei war der schöne Traum vom Geldverdienen.
Till Tillmann saß neben seinem Fahrrad und vierzig kaputten Eiern und hätte weinen mögen vor Ärger über sich selbst.
Wäre nicht die alte Schinkel-Oma, die nicht mehr so gut zu Fuß war und alles aus ihrem Fenster mitangesehen hatte, herausgekommen, dann wäre es für Till Tillmann schlimm ausgegangen. Sie nahm den Korb mit den Eiern und Till Tillmann dazu in ihre Küche. Dort sammelte sie alles Eigelb und Eiweiß sorgsam auf. Es gab eine große Schüssel voll. Die Schinkel-Oma rührte noch Milch hinein, dazu Mehl und Zucker und etwas Salz. Dann griff sie nach der großen Bratpfanne und backte einen goldgelben Eierkuchen nach dem ande-

ren. Es gab vierzig Eierkuchen, von denen einer besser duftete als der andere. Zum Schluß streute sie noch etwas Puderzucker darauf.
„Verkaufe sie auf dem Markt!“ sagte die Schinkel-Oma zu Till Tillmann.

„Was sollen sie kosten?“ fragte Till Tillmann.
„Frag die Leute, was sie dafür geben wollen!“ meinte die Schinkel-Oma und reichte Till Tillmann den großen Teller mit den vierzig goldgelben Eierkuchen.

Als Till Tillmann mit seinen duftenden Eierkuchen auf den Markt kam, da war er sogleich von vielen Menschen umringt. „Was sollen sie kosten?“ riefen sie aufgeregt, und jeder wollte einen haben.

„Was sind sie euch wert?“ fragte Till Tillmann zurück. „Es sind echte Öko-Eierkuchen!“
„Drei Mark!“ schrie ein dicker Mann. „Und ich will gleich drei Stück!“
Er drückte Till Tillmann zehn Mark in die Hand und wollte nichts zurückhaben. „Eierkuchen habe ich so lange nicht mehr gegessen!“ rief er, als er mit seinen drei Eierkuchen davoneilte.
Im Nu hatte Till Tillmann alle vierzig Eierkuchen verkauft und über hundertzwanzig Mark dafür bekommen. Glückstrahlend lief er damit zurück zu der alten Schinkel-Oma. Sie teilten sich das Geld, und jeder erhielt genau zweiundsechzig Mark und fünfzig Pfennige.
„Zum nächsten Markttag verkaufe ich wieder Eierkuchen!“ sagte Till Tillmann glücklich, als er sein Geld einsteckte.
Die Schinkel-Oma gab ihm den Eierkorb zurück, den sie sorgfältig gereinigt hatte und nickte. „Ich mache mit, wenn du die Eier bringst. Du brauchst sie aber nicht vorher alle kaputtzumachen. Es ist einfacher, wenn wir sie hier bei mir aufschlagen. Dann brauchen wir nicht die Eierschalen herauszufischen!“
Als Till Tillmann glückstrahlend mit seinem Rad nach Hause fuhr, fiel ihm ein, daß er nicht einen einzigen Eierkuchen probiert hatte. Er hatte nämlich inzwischen mächtigen Hunger bekommen.

Osterhäschen, Osterhas'

Text: Rolf Krenzer, Melodie: Martin Göth

Osterhäschen, Osterhas',
dort unter Busch und Hecken,
dort kannst du noch mehr Ostereier
für uns all' verstecken.
Ein blaues Ei,
ein grünes Ei,
ein lila Ei. Und dann,
dann fangen wir schon 1, 2, 3,
sogleich zu suchen an.

Osterhäschen, Osterhas'
wenn wir sie all' entdecken,
dann lassen wir uns jedes Ei,
weil Ostern ist, gut schmecken.
Ein rosa Ei,
ein graues Ei,
ein buntes Ei. Und dann,
dann fangen wir schon 1, 2, 3,
sogleich zu essen an.

Und alle machen mit
und rufen „Guten Appetit!".

Nele und die Ostereier

Die Wohlfeils wohnten in einem kleinen Haus mit Garten in der Eichendorffstraße. Auch die Schmidts und die Petermanns, die rechts und links von Wohlfeils wohnten, hatten ein Haus und einen Garten. Um jeden Garten lief ein Zaun mit einem Gartentor und einer Klingel.
Nele und Andy Wohlfeil spielten oft im Garten. Mutti und Vati paßten gut auf, daß das Gartentor fest zu war, damit Andy nicht auf die Straße lief. Denn er war noch klein. Nele war schon vier Jahre. Nele durfte schon allein auf die Straße. Jeden Morgen ging sie zum Kindergarten am Ende der Eichendorffstraße, dort wo die Ringelnatzstraße anfing. Mutti brachte sie mit Andy zum Gartentor und schaute ihr nach, bis sie im Kindergarten angekommen war.
Aber heute war kein Kindergartentag. Heute war Sonntag – und zwar ein ganz besonderer: Ostersonntag. Heute morgen waren Mutti und Vati und Nele und Andy im Garten und suchten Ostereier. Mutti hatte jedem ein Körbchen gegeben, in die sie die gelben, roten, grünen und blauen Eier legten, die sie gefunden hatten.

Nele fand natürlich viel mehr Eier als Andy, weil sie schneller war und überall suchte, wo man nur suchen konnte. Zum Schluß hatte sie neun Eier, Andy mit Vatis Hilfe fünf.
Nele war aber damit einverstanden, daß Mutti die Ostereier nun gerecht verteilte: zwei rote, ein blaues, ein gelbes und ein grünes für Nele; zwei gelbe, ein grünes, ein rotes und ein blaues für Andy und je zwei bunte Ostereier für Mutti und Vati.

Dann gingen sie hinein, um zu frühstücken.
„Schade!“ sagte Nele. „Jetzt ist es schon vorbei. Kann der Osterhase die Eier nicht nochmal verstecken?“
Vati lachte. „Wir sind froh, daß wir sie alle gefunden haben. Für heute reicht's! Jetzt will ich erst einmal frühstücken.“

Doch bevor sie sich an den Tisch setzen konnten, klingelte das Telefon. Oma und Opa aus Steinheim riefen an, um frohe Ostern zu wünschen. Wenn Oma und Opa am Telefon waren, dauerte es ziemlich lang. Mutti und Vati reichten sich immer wieder den Hörer weiter, und alle hatten einander viel zu erzählen.
Als Mutti endlich aufgelegt hatte, da riefen die anderen Großeltern an, Vatis Eltern. Und es dauerte noch einmal so lange, bis sie fertig waren und endlich um den gedeckten Frühstückstisch herumsaßen.
Der kleine Andy hatte ein rotes Osterei in seiner Hand und streichelte es, weil er sich so darüber freute. Seit heute morgen konnte er laut und deutlich *Osterei* sagen.
„Wo sind denn die anderen Ostereier?" fragte Vati.
„In den beiden Osterkörbchen!" sagte Mutti. „Vielleicht stehen sie noch neben dem Telefon!"
Vati lief hinaus in den Flur und kam kopfschüttelnd zurück. „Da stehen nur die beiden Körbchen!" sagte er. „Sie sind leer!"

Mutti überlegte. „Ich habe sie doch noch nicht in die Schüssel gelegt...", meinte sie. „Eigentlich wollte ich sie in der schönen Schüssel auf den Tisch stellen."
Sie stand auf und kam mit der leeren Schüssel zurück.
„Seltsam!" sagte Vati nachdenklich.
„Gar nicht seltsam!" rief Nele da und klatschte in die Hände. „Der Osterhase hat sie wieder versteckt, und wir müssen sie noch einmal suchen!"
Vati war ein bißchen ärgerlich. Doch weil Ostern war, fragte er nur: „Hieß der Osterhase vielleicht Nele?"
Nele nickte strahlend. „Und jetzt können wir alle noch einmal suchen!"
„Du weißt doch, wo du sie versteckt hast!" sagte Mutti.
„Nicht mehr so genau", antwortete Nele.
„Nun gut!" Vati griff nach dem Kuchen, den Mutti extra für Ostern gebacken hatte.

„Dann esse ich meine Ostereier eben später. Jetzt frühstücken wir jedenfalls erst einmal gemütlich. Und dann suchen wir noch einmal die Ostereier im Garten!"
„Nein, jetzt müssen wir zuerst die Ostereier suchen!" bettelte Nele.
„Das hat Zeit bis später!" sagte auch Mutti. „Sie laufen uns ja nicht fort!" Da mußte Nele weinen. „Wenn die anderen Kinder sie nun finden?" jammerte sie. „Dann haben wir an Ostern keine Eier!"
„In unserem Garten suchen keine fremden Kinder nach Ostereiern!" sagte Mutti und wandte sich dem kleinen Andy zu, um mit ihm zusammen sein rotes Osterei zu schälen.
„Aber in Schmidts Garten und in Petermanns Garten!" antwortete Nele und wurde immer kleinlauter.
„Dort sind unsere Ostereier bestimmt nicht versteckt!" Papa wollte jetzt endlich in Ruhe frühstücken und nicht weiter mit Nele über die Ostereier streiten.
„Doch!" sagte Nele.
„Was heißt *doch*?" fragte Mutti.
„Sie sind doch in Schmidts Garten und bei Petermanns versteckt!" sagte Nele. „Eins sogar neben Petermanns Gartenzwerg mit der roten Mütze!"
„Wie bitte?" fragte Papa.
Und dann blickten sich die Eltern stumm an und sagten gar nichts mehr.
Das verhieß nichts Gutes.

„Du hast also alle unsere Ostereier bei Schmidts und bei Petermanns im Garten versteckt!" fragte Vati schließlich. „Wie bist du denn dorthin gekommen?"
„Osterhasen klettern doch auch über Zäune", sagte Nele leise.
„Dann kletterst du jetzt gleich noch einmal und suchst sie alle und bringst sie uns wieder zurück!" sagte Papa, und seine Stimme klang richtig böse.
„Nein!" rief Mutti. „Das macht sie nicht! Wenn jemand von

Schmidts oder Petermanns sie sieht, was sollen die Nachbarn von uns denken?“

„Dann haben wir also heute keine Ostereier!“ sagte Vati und blickte zu dem kleinen Andy hinüber, der gerade den letzten Rest seines Ostereis aufgegessen hatte. „Dann können Petermanns und Schmidts Kinder eben auch unsere Eier suchen. Sie werden sich wundern, warum sie auf einmal so viele Eier haben. Und ihre Eltern auch.“

„Petermanns haben keine Kinder!“ flüsterte Nele und konnte nichts dagegen tun, daß ihr dicke Tränen über die Backen rollten.

Da hatte Vati gleich wieder Mitleid mit ihr.

„Weißt du was, Nele“, schlug Mutti schließlich vor, „du klingelst bei Petermanns und bei Schmidts, erzählst ihnen, was passiert ist, und fragst sie, ob du unsere Eier in ihrem Garten suchen darfst!“

„Ich habe Angst!“ sagte Nele leise und wischte sich mit der Hand die Tränen von der Backe.

„Wovor?“ fragte Vati.

„Nur so!“ antwortete Nele.

„Hm!“ sagte Vati. Er schaute zu Mutti und sah, daß sie ein bißchen lächelte.

„Ihr kommt alle mit!“ sagte er dann und stand auf. „Wir gehen zuerst zu Schmidts! Vielleicht haben Schmidts Kinder ja noch keine Eier gesucht!“

So machten sie sich auf den Weg – Vati, Mutti mit Andy auf dem Arm und natürlich Nele. Sie ging ganz schüchtern hinter ihnen her, in beiden Händen die leeren Osterkörbchen.

Als sie bei Schmidts geklingelt hatten und Vati erzählt hatte, was passiert war, da mußte Herr Schmidt laut lachen.

„Unsere Kinder sind Langschläfer!“ sagte er. „Und als ich eben für sie ein paar Ostereier im Garten verstecken wollte, da wunderte ich mich schon über die Ostereier, die bereits in unserem Garten lagen. Ich wollte gerade meine Frau danach fragen.“

So suchten Vati, Mutti, Andy und Nele in Schmidts Garten nach ihren Ostereiern, und Herr Schmidt sah ihnen zu und mußte immer noch lachen, als er danach die Ostereier versteckte, die seine Kinder suchen sollten.

„Jetzt müssen wir noch zu Petermanns!“ sagte Mutti und seufzte, als sie sich von Herrn Schmidt verabschiedeten.

„Ja, ja, wenn man Kinder hat“, lachte Herr Schmidt, „dann kann man etwas erleben.“

Frau Petermann lachte auch, als Papa ihr erzählte, was Nele angestellt hatte. Sie ging sogar mit in den Garten und half beim Suchen.

Endlich kamen sie mit allen Eiern wieder nach Hause zurück. Mutti verteilte sie sogleich: zwei für Vati, fünf für Nele, vier für Andy und zwei für sich selbst.

„So!“ sagte sie dann. „Jetzt hast du deine Ostereier wieder. Jetzt kannst du sie so oft verstecken und suchen, wie du willst. Aber bitte nur in unserem Garten!“

„Komisch!“ meinte Nele nach einer Weile und betrachtete die Eier in ihrem Osterkörbchen. „Vorhin hatte ich zwei rote Eier dabei. Jetzt ist es nur noch eins.“

„Sie schmecken alle gleich!“ lachte Vati. „Wenn du willst, können wir tauschen!“

„Ich geb’ dir mein braunes Osterei!“ sagte Nele.

„Braun? Wir haben dieses Jahr überhaupt keine braunen Ostereier!“ rief Mutti.

„Und was ist das?“ fragte Nele, griff in ihren Korb und holte tatsächlich ein braunes Osterei heraus.

„Mit Zwiebelschalen gefärbt!“ rief Vati. „Die Ostereier mag ich am allerliebsten!“

„Wie kommt das denn in meinen Korb?“ fragte Nele verwundert.

„Ja, das passiert manchmal übereifrigen Osterhasen!“ rief Mutti und mußte so lachen, daß sie sich fast verschluckte. „Wir verraten es nicht! Vielleicht findest du es selbst noch heraus!“

Ostereier-Spiele

Ostereier kann man nicht nur essen. Man kann auch lustige Oster-eierspiele probieren.

Ostereier-Boccia

Auf dem Teppich oder auf dem Rasen stellt ein Osterhase (Stoff- oder Schokoladentier) das Ziel dar. Alle, die mitspielen, erhalten je ein hartgekochtes buntes Osterei in einer anderen Farbe.
Von einem bestimmten Punkt aus sollen nun die Eier möglichst nahe an das Ziel herangerollt werden. Wer am nächsten ist, erhält einen Punkt. Danach beginnt die nächste Runde. Wer zum Schluß die meisten Punkte gesammelt hat, hat gewonnen und bekommt ein besonders schönes Osterei als Preis.

Ostereier tragen

Ein Osterei soll auf die unterschiedlichste Weise zu einem vorher bestimmten Ziel (und wieder zurück) getragen werden. Als Einzelspiel, aber auch als Wettspiel möglich.

- Osterei mit beiden Händen tragen,
- Osterei in einer Hand tragen,
- in jeder Hand ein Osterei tragen,
- Osterei im Eierbecher tragen,
- in jeder Hand ein Ei in einem Eierbecher tragen,
- Osterei auf beiden Händen, die ausgebreitet sind, tragen,
- Osterei in einer Suppenkelle tragen,
- zwei Suppenkellen, in jeder ein Osterei,
- Osterei in einem Eßlöffel tragen.

Ostereier rollen

Jeder Mitspieler/jede Mitspielerin hat ein hartgekochtes Osterei. Es wird über den Rasen um die Wette gerollt. Wer am weitesten mit seinem Ei kommt, hat gewonnen und darf bei der nächsten Runde als erste(r) beginnen.

Weitere Möglichkeiten:

- Mit den Händen ein Osterei um die Wette zu einem Ziel rollen.
- Osterei in eine kleine Grube rollen. Vorsicht, daß es nicht zerbricht!
- Wir sitzen in der Hocke und versuchen, das Osterei um uns herum zu rollen.
- Osterei von Hand zu Hand im Kreis weitergeben.
- Ein Osterei wird im Kreis nach links, ein zweites Osterei nach rechts weitergegeben. Beide sollen unbeschädigt wieder an ihren Ausgangspunkt zurückkommen.
- Auf dem Rasen wird ein Kreis markiert (Zauberschnur, buntes Band, Kreidepulver usw.). Jede(r) soll versuchen, eines oder mehrere Ostereier in den Kreis zu rollen. Wenn das Spiel nicht zu leicht sein soll, darf der Kreis nicht zu groß und die Abwurfstelle nicht zu nah am Kreis sein.

Eier ticken

Jeder nimmt ein hartgekochtes Ei und tickt mit seinem Nachbarn: Spitze gegen Spitze, stumpfe Seite gegen stumpfe Seite, Spitze gegen stumpfe Seite. Wessen Ei am wenigsten beschädigt oder am Schluß noch ganz heil ist, hat gewonnen und tritt gegen den nächsten an.

HEUT´ IST
MUTTERTAG
FÜR
MUTTI

Mutti, heut ist Muttertag

Text: Rolf Krenzer, Melodie: Martin Göth

Refrain:
Mutti, heut ist Muttertag!
Ich hab' an dich gedacht,
und weil ich dich am liebsten mag,
dir etwas mitgebracht.

Ich habe mich nach Wiesenblumen
früh schon umgeblickt
und hab' dir einen Blumenstrauß
zum Muttertag gepflückt.
Mutti, heut ist Muttertag!...

Ich schenk' dir Bild und Blumenstrauß
als meinen liebsten Gruß
und geb' dir, liebe Mutti, dann
noch einen dicken Kuß!
Mutti, heut ist Muttertag!...

Wenn dir ein Kuß zu wenig ist,
dann komm' ich wieder her
und geb' dir zu dem einen Kuß
noch viele, viele mehr!
Mutti, heut ist Muttertag!...

Ingo hat auch ein Geschenk

Ingo hat seine Mutti sehr lieb. Er möchte deshalb sein ganzes Taschengeld opfern, um sie zu ihrem Geburtstag mit etwas Besonderem zu beschenken.
Aber worüber würde Mutti sich besonders freuen? Ingo wendet sich an seinen Vater. Der denkt auch gerade darüber nach, was er seiner Frau schenken könnte.
Ein hübsches Kleid? Aber wer weiß, ob er damit den Geschmack seiner Frau trifft. Eine goldene Kette? Nein, von Schmuck hält sie nicht sehr viel. Und Gold? Das ist etwas, was sie vielleicht tragen würde. Wenn sie älter wäre, sagte sie einmal.

„Ich weiß auch nichts!" sagt der Vater ratlos und schlägt Ingo vor: „Gib Mutti doch einfach einen dicken Kuß! Dann freut sie sich bestimmt."
Ingo findet diesen Vorschlag gar nicht gut. Schließlich ist er schon sechs Jahre alt. Das mit dem dicken Kuß, das war damals, als er noch klein war, sehr klein.
„Wie wäre es mit einer blühenden Topfpflanze?"
Ingo schüttelt energisch den Kopf. „Das bekommt sie doch immer von Oma!"
„Vielleicht eine große Schachtel Pralinen?"
Ingo stellt fest, daß er Mutti besser kennt als sein Vater. Hat er denn vergessen, daß sie zur Zeit wieder eine Diätkur macht?
„Aber ein Tuch. Das wäre doch etwas Schönes!"
„So um den Hals." Ingo ist richtig erleichtert, daß sein Vater doch noch eine gute Idee hat. Das ist nicht so teuer, und es gefällt Mutti bestimmt. Ich muß Vati nur lange genug fragen, dann fällt ihm schon etwas ein, denkt Ingo.
Am Geburtstagsmorgen stellt Vater einen Sammelrahmen mit vielen Fotos an Muttis Platz. Fotos aus der Zeit, als sie sich kennenlernten, Fotos von ihrem Hochzeitstag, von Ingos ersten Lebenstagen, von seiner Taufe und von vielen Familienausflügen. Ingos Vater hat sich wirklich viel Mühe gegeben. Und als Mutti den großen Glasrahmen entdeckt, freut sie sich sehr und gibt Vati einen Kuß.
Dann ist Ingo an der Reihe: Er hält das kleine Päckchen, schön in Seidenpapier eingeschlagen, noch immer hinter sich. Dann streckt er es seiner Mutti entgegen: „Herzlichen Glückwunsch!"
Gespannt sieht er zu, wie die Mutter das Päckchen öffnet.
„Ein wunderschöner Schal!" Mutti ist ganz begeistert. Nur Vati hält den Schal für ein bißchen altmodisch. Er muß aber auch immer ein Haar in der Suppe finden.
„Ich hatte an diese modernen Dreieckstücher gedacht", meint er zögernd.

„Dieser Schal ist wunderschön!" sagt Mutti. „Ich werde ihn gern tragen, weil du ihn mir geschenkt hast."

„Für mein ganzes Taschengeld!" sagt Ingo und genießt es, von seiner Mutter so richtig fest gedrückt zu werden. „Es war gar nicht so einfach, ihn zu bekommen!"

„Wieso denn?" wundert sich der Vater. „Schals hängen doch überall herum!"

„Aber solche nicht!" sagt Ingo. „Sie mußten lange im Lager suchen, bis sie den gefunden hatten, den ich haben wollte."

„Was hattest du denn verlangt? Hattest du einen ganz besonderen Wunsch?" erkundigt sich seine Mutter.

„Natürlich!" Ingo ist mächtig stolz, daß er so beharrlich gewesen ist. „Ich wollte einen Schal für eine Dame. Sie fragten mich, wie alt die Dame sei. Da habe ich einfach gesagt: Für eine ältere Dame! Sie suchten dann so lange, bis sie diesen gefunden hatten!"

Vater lacht laut, und Mutti drückt ihren Jungen ganz fest an sich. „Weißt du, wie alt Mutti heute wird?" fragt sein Vater. „Ganze einunddreißig Jahre!"

„Ist das etwa nicht alt?" fragt Ingo und kann es nicht begreifen, daß sein Vater Mutti in den Arm nimmt und so fest drückt, daß sie fast keine Luft mehr bekommt.

„Den Schal werde ich mir immer aufheben", sagt Mutti schließlich, „dann weiß ich immer, wie lieb mich mein Sohn hat!"

Ein Gedicht für Mutti

Mein Haar, mein Körper, mein Gesicht...
schau, ohne dich gäb' es mich nicht.
Mit Augen, Händen, Ohren,
so hast du mich geboren.
Ich bin so froh, denn du liebst mich
genauso, ganz genauso,
genauso wie ich dich!

In deinem Bauch wuchs ich heran.
Neun Monate. Auf einmal dann
hab' ich nicht mehr gewartet.
Wie das so war, weiß ich nicht mehr.
Zu lange, viel zu lange,
zu lange ist das her.

Ganz klein und hilflos, so war ich.
Und du warst immer da für mich.
Du hast mir für mein Leben
das Beste mitgegeben.
Und lernte ich so allerhand,
ich lernte, ja, ich lernte
von dir an deiner Hand.

Schau, ich hab' dich, und du hast mich!
Grad wie du bist, so mag ich dich.
Wir können auf uns bauen,
weil wir uns so vertrauen.
Wie bin ich froh, denn du liebst mich
genauso, ganz genauso,
genauso wie ich dich.

Lindas Geschenke zum Muttertag

Am Freitag hat Linda im Kindergarten ein Bild zum Muttertag gemalt. Sie hat sich viel Mühe gegeben. Fast zwei Stunden hat sie dazu gebraucht. Dafür ist das Bild auch extra schön geworden. So schön, daß Frau Bergmoser es allen anderen Kindern gezeigt hat.
Zwei Herzen hat Linda gemalt. Ein rotes Herz auf die linke Seite ihres Blattes und ein rosa Herz auf die rechte. Dann hat sie das Bild mit bunten Blumen geschmückt und zum Schluß noch einen goldenen Rahmen rundherum gemalt.
„Da wird sich deine Mutti aber freuen!" hat Frau Bergmoser gemeint, und Linda hat genickt und das Bild ganz vorsichtig nach Hause getragen, damit ihm ja nichts passiert. Sie hat es in ihrem Zimmer unter dem großen Memory-Spiel auf dem Regal versteckt. Dort findet es Mutti bestimmt nicht.
Am liebsten möchte Linda Mutti das Bild gleich schenken. Aber dann beschließt sie doch, den Freitagnachmittag und den ganzen Samstag noch zu warten. Mutti wird es pünktlich am Sonntag bekommen, denn dann ist Muttertag.
Am Samstagabend kommt Oma zu Besuch. Linda freut sich sehr, denn Oma will eine ganze Woche bei ihnen bleiben. Beim Abendessen muß Linda immer wieder an morgen denken. Dann kann sie endlich Mutti ihr Bild zum Muttertag schenken.
„Schade, daß es keinen Omatag gibt!" sagt sie.
Oma blickt sie verwundert an.
„Wie kommst du darauf?" fragt sie.
„Morgen ist Muttertag!" erklärt Linda ihr. „Da schenkt man den Müttern etwas ganz besonders Schönes, weil man sie lieb hat! Wenn es einen Omatag gäbe, würde ich dir dann auch etwas schenken!"
„Oma ist doch auch eine Mutter!" lacht Mutti. „Wer nie Mutter war, kann niemals Oma werden!"

„Stimmt das?“ Linda sieht Oma nachdenklich an.
„Natürlich!“ Oma nickt. „Ich bin die Mutter deiner Mutti!“
„Muttis Mutti!“ Jetzt lacht Linda laut. „Dann mußt du ihr morgen auch etwas schenken!“ Sie deutet mit dem ausgestreckten Zeigefinger auf Mutti, und Mutti lächelt.
„Natürlich!“ sagt sie. „Warte es nur ab!“
Eigentlich möchte Linda Oma auch etwas schenken – jetzt, wo sie weiß, daß die Oma auch eine Mutter ist. Wenn man schon keinen Papa mehr bei sich hat und die Oma gerade da ist, dann sollte sie auch etwas zum Muttertag bekommen, findet Linda.
Schade, daß ihr das erst einfällt, als Mutti sie bereits ins Bett gebracht hat. Sie wird bestimmt nicht erlauben, daß Linda jetzt noch für Oma ein Bild malt. Das dauert wieder zwei Stunden lang. Und außerdem ist der Buntstift mit der Goldfarbe im Kindergarten.
Linda überlegt lange. Dann steht sie leise noch einmal aus ihrem Bett auf. Es ist noch hell genug, um den Weg zu dem Spielregal zu finden. Ganz behutsam zieht sie ihr Bild für Mutti unter dem großen Spielkasten hervor.
Sie betrachtet es lange. Ein rotes Herz auf der einen Seite und ein rosa Herz auf der anderen.
Dann sucht sie in der Schublade nach einer Schere und schneidet das Bild mittendurch. Dann versteckt sie beide Bilder wieder unter dem Memory. Morgen wird sie Mutti die eine Seite ihres Bildes schenken, das mit dem roten Herzen und einem goldenen Rahmen und vielen Blumen.
Und Oma schenkt sie die andere Bildseite, das Bild mit dem rosa Herzen und den vielen Blumen.
Zwar fehlt jetzt auf jedem Bild ein Stück vom goldenen Rahmen, aber das macht nichts.
Wichtig allein ist, daß Linda am Muttertag jeder der beiden, die sie am allerliebsten hat, ein Bild schenken kann. Mutti und Muttis Mutti.

WAS MAN IM FRÜHJAHR ERLEBEN KANN

Das Lied von der Frühjahrsmüdigkeit

Text: Rolf Krenzer, Melodie: Martin Göth

Em H
Bin schon wie - der mü - de! Was fang' ich nur
Em
an, da - mit ich wie - der frisch und mun - ter
H Em D
wer - den kann? Ich schüt - tel bei - de Ar - me aus und
Em D/Fis G D
eins und zwei und drei! Ich rek - ke mich und
G
strek - ke mich und schüt - tel bei - de
Am
Ar - me aus, und schon ist die
H Em
Mü - dig - keit vor - bei.

Em H
Bin schon wie - der mü - de! Was fang' ich nur
Em
an, da - mit ich wie - der frisch und mun - ter
H Em D
wer - den kann? Ich rüt - tel jetzt die
Em D/Fis
Bei - ne aus und eins und zwei und drei! Ich
G
rek - ke mich und strek - ke mich und schüt - tel bei - de
D
Ar - me aus und rüt - tel jetzt die Bei - ne aus, und
Am H Em
schon ist die Mü - dig - keit vor - bei.

Bin schon wieder müde!
Was fang' ich nur an,
damit ich wieder frisch und munter
werden kann?

Ich drehe
meinen Kopf herum!
Und eins, zwei, drei!
Ich recke mich
und strecke mich
und schüttel
beide Arme aus
und rüttel
jetzt die Beine aus.
Ich drehe
meinen Kopf herum,
und schon
ist die Müdigkeit vorbei!

Bin schon wieder müde!
Was fang' ich nur an,
damit ich wieder frisch und munter
werden kann?

Ich klatsche
in die Hände nun!
Und eins und zwei und drei!
Ich recke mich
und strecke mich
und schüttel
beide Arme aus.
und rüttel
jetzt die Beine aus
und drehe
meinen Kopf herum.
Ich klatsche
in die Hände nun,
und schon
ist die Müdigkeit vorbei!

Ich wackel hin und wackel her...
Ich stehe auf und drehe mich...
Ich springe hoch, so hoch ich kann...

Und dann können wir alles tun, was uns noch dazu einfällt.

Immer wenn eine neue Bewegung angeboten wird, wird der Anfang der jeweiligen Strophe mehrmals gesungen. Danach geht es in die Aufzählung der weiteren Bewegungen, die von allen ausgeführt werden.

Am ersten April

Am ersten April, am ersten April,
da schickt man die Leute,
wohin man will.
Und ärgern sie sich,
dann lächelt man still
und sagt einfach: „Ätsch!
April! April!"

Schick doch die Luzie in den April!

Endlich ist es April. Dominik hat sich vorgenommen, heute, am ersten April, ganz viele Leute in den April zu schicken.
Weil Luzie im Bad ist, stapft er direkt aus dem Bett in die Küche.
„Mutti, du mußt mal das Leitungswasser versuchen!" schreit er und stört Mutti so richtig, die dabei ist, den Kaffeetisch zu decken. „Es schmeckt nach Pfefferminze und Limonade!"
„April! April!" sagt Mutti. Und: „Wenn du schon hier bist, dann stelle die Frühstücksteller, die Tassen mit den Untertassen und die Eierbecher schon mal auf den Tisch. Die Eier sind gleich fertig. Wenn der Eierkocher summt, kannst du sie herausnehmen und in die Eierbecher stellen.
„Heute regnet es aber!" sagt Dominik, als der Tisch gedeckt ist.
„April! April!" lacht Mutti. „Immer, wenn ich morgens aufstehe, schaue ich erst einmal zum Fenster hinaus! Strahlender Sonnenschein, mein Schatz!"
„Jetzt hat es aber an der Haustür geschellt!" ruft Dominik da.
„Irrtum!" antwortet Mutti. „Es war der Eierkocher!"

Es klappt heute wirklich nicht ein einziges Mal. Ärgerlich hebt Dominik den Deckel vom Eierkocher hoch und trägt die Eier im Kocher zur Spüle. Er schreckt die Eier mit kaltem Wasser ab und stellt sie dann in die Eierbecher auf dem Tisch.
Als er den leeren Eierkocher zurückträgt, entdeckt er im Eierkarton noch ein einziges Ei, das übriggeblieben ist und nicht mitgekocht wurde.
Jetzt weiß er endlich, wen er in den April schicken kann.
Blitzschnell nimmt er Luzies Ei aus dem Eierbecher und legt es in den Eierkarton.
Dafür holt er das ungekochte Ei aus dem Karton und stellt es vorsichtig in Luzies Eierbecher.
Na, die Luzie wird nachher ihren Spaß haben!
Mutti hat die Zeitung aus dem Briefkasten geholt.
„Du hast ja die Zeitung von gestern!“ schreit Dominik.
„Jetzt reicht es!“ antwortet Mutti. „Du mußt doch selbst merken, daß du mich nicht hereinlegen kannst!“ Sie zögert einen Augenblick, bevor sie sagt: „Schick doch die Luzie in den April!“
„Hab’ ich schon!“ Dominik grinst.
„Und hat es geklappt?“
„Es wird noch klappen!“ sagt Dominik und grinst.
„Bist du schon gewaschen?“ fragt Mutti dann.
„April! April!“ schreit Dominik.
Aber da versteht Mutti leider keinen Spaß. Und außerdem ist das Bad jetzt wieder frei. Luzie kommt bereits die Treppe herunter. Dominik rennt nach oben.
„Beeile dich!“ ruft Mutti ihm nach.
Als Dominik zurückkommt, haben Mutti und Luzie bereits mit dem Frühstücken angefangen. Er beobachtet Luzie und wartet sehnlichst darauf, daß sie ihr Ei ißt. Klopft sie es mit dem Eierlöffel auf, wird sie naßgespritzt. Nimmt sie das Messer, gibt es noch mehr Spaß. Doch Luzie beachtet das Ei gar nicht.

Wenn ich damit beginne, sagt Dominik sich, dann wird sie auch nach dem Ei greifen.
Soll er den Löffel nehmen oder das Messer? Ihm fällt noch etwas ein, was viel besser ist. Er wird das Ei von allen Seiten auf der Tischkante aufklopfen. Und Luzie wird es ihm bestimmt nachmachen.
Mit Schwung nimmt Dominik sein Ei und schreit laut auf, als es nach allen Seiten spritzt. Sein T-Shirt trägt gelbe Eispuren, und Eiweiß und Eigelb spürt er auch im Gesicht und im Haar. Auch Mutti schreit auf, als Dominik aufspringt. Nur Luzie bleibt still sitzen. Sie nimmt ihr Messer und schlägt ihrem Ei die Spitze ab. Dann löffelt sie ihr Ei seelenruhig mit dem Eierlöffel.
„Du willst doch immer das größte Ei!" sagt sie dann. „Deshalb habe ich unsere Eier vorhin getauscht!"
Mutti lacht laut. Dann blickt sie ihren bekleckerten Sohn streng an. „So kannst du nicht zum Kindergarten gehen!" sagt sie und zeigt zur Tür. „Zuerst noch einmal duschen! Danach bringe ich dir ein frisches Hemd!" Dominik ist sauer. Er stürmt hinaus und knallt die Türe zu.
„April! April!" ruft Luzie ihm nach.

Die Kuh im Kastanienbaum

Rollenspiel

Inhalt

Am lustigen Beispiel mit einleuchtender Pointe wird dargestellt, auf welche Weise ein Gerücht entstehen kann. Menschen glauben an das Unwahrscheinliche, wenn es ihnen von Leuten, die ihr Vertrauen haben, glaubwürdig versichert wird. Spiel nach der gleichnamigen Geschichte.

Mitspieler

Christian, Annette, Vater, Mutter, Opa, Oma, Tante Helene, Frau Boller, Frau Schulze, Herr Weber, die Sekretärin, Herr Patzke... und wer sonst noch mitspielen will.

Mögliche Spielform

Spiel im Halbkreis
Spiel auf der Bühne
Hörspiel

Bühnenbild

Das Spiel entwickelt sich aus dem Halbkreis heraus. Opa liest auf der vorderen linken Bühnenseite die Zeitung, Oma bügelt auf der vorderen rechten Bühnenseite. Die Leute, die telefonieren, sitzen im Halbkreis. Sie sitzen aber so weit voneinander entfernt, daß sie sich ihren Text durch den Telefonhörer laut zurufen müssen. Die letzte Szene spielt in der Mitte der Bühne.

Requisiten

Zeitung, Bügelbrett und Wäsche, Bügeleisen, diverse Telefonapparate, Tisch mit Stühlen, Eßgeschirr, Stuhl oder Sessel für den Opa. Die Telefonapparate können während des Spiels weitergegeben werden, so daß man mit einem Paar bereits auskommen kann.
Fotoapparat für den Mann von der Zeitung.

Kostüme

Können entfallen, sonst nach Belieben und Wünschen der Spieler.

Orchester

Geräusch des Telefonklingelns.

Praktische Vorbereitungen

Der Spieltext stellt nur eine mögliche Spielform dar. Er zeigt auf, wie das Spiel in Szene gesetzt werden kann. Wenn man die Geschichte selbst vorliest oder erzählt, können die Kinder zu einem spontanen Stegreifspiel gelangen, das origineller werden kann als der vorgegebene Text.
Nach der Melodie „Taler, Taler, du mußt wandern" kann als Verbindungslied von einer zur nächsten Szene gesungen werden:

Das ist lustig, das ist heiter:
Einer sagt's dem andern weiter.
Wie soll das noch weitergehn?
Das könnt ihr jetzt selber sehn!

Spieltext

1. Szene

Der Opa sitzt im Sessel und liest Zeitung. Annette stürmt herein.

Annette: Opa, Opa!

Opa: Na, was ist denn los?

Annette: Der Christian hat gesagt, eine Kuh ist im Kastanienbaum!

Opa: Eine Kuh?

Annette: Eine Kuh!

Opa: Im Kastanienbaum?

Annette: Im Kastanienbaum!

Opa: Die Welt wird immer verrückter. Das will ich gleich der Oma erzählen!

Die Oma ist dabei, Opas Hosen zu bügeln. Sie bügelt auch Taschentücher, Hemden usw.

Opa: Was denkst du denn, was mit dem Kastanienbaum los ist?

Oma: Was soll denn mit dem Kastanienbaum sein?

Opa: Im Kastanienbaum ist eine Kuh!

Oma: Bei uns im Kastanienbaum?

Opa: Im Kastanienbaum!

Oma: Eine Kuh?

Opa: Eine Kuh!

Oma: Sachen gibt es, Sachen! Das muß ich gleich Tante Helene erzählen.

Tante Helene telefoniert mit ihrer Freundin.

Oma: In unserem Kastanienbaum ist eine Kuh.

Tante Helene: *spricht ins Telefon*
Da mußte ich die teure Rechnung bezahlen.
Ich war wirklich sehr böse!

Oma: In unserem Kastanienbaum ist eine Kuh!

Tante Helene: *spricht weiter ins Telefon*
Was sollte ich machen. Ich hatte das Kleid bestellt!

Oma: In unserem Kastanienbaum…

Tante Helene: *hält die Sprechmuschel mit der Hand zu und fragt die Oma:*
Was sagst du?

Oma: In unserem Kastanienbaum ist eine Kuh!

Tante Helene: Wirklich?

Oma: Der Opa hat's gesagt!

Tante Helene: *nimmt die Hand von der Sprechmuschel und spricht in das Telefon*
Übrigens, in unserem Kastanienbaum ist eine Kuh!

Frau Boller: *am anderen Ende der Leitung*
Im Kastanienbaum?

Tante Helene: Im Kastanienbaum!

Frau Boller:	Eine Kuh?
Tante Helene:	Eine Kuh!
Frau Boller:	Das muß ich unbedingt Schulzes erzählen.
Tante Helene:	Auf Wiederhören!

Tante Helene und Frau Boller legen die Telefonhörer nieder. Frau Boller wählt erneut.

Frau Boller:	Hier ist Boller.
Frau Schulze:	Gerda, du?
Frau Boller:	In Müllers Kastanienbaum ist eine Kuh!
Frau Schulze:	In Müllers Kastanienbaum?
Frau Boller:	In Müllers Kastanienbaum!
Frau Schulze:	Eine Kuh?
Frau Boller:	Eine Kuh!
Frau Schulze:	Das muß ich Frau Weber erzählen!

Frau Boller und Frau Schulze legen den Telefonhörer nieder. Frau Schulze wählt erneut.

Herr Weber:	Weber, guten Tag!
Frau Schulze:	Hier ist Schulze, Frieda Schulze. Ist Ihre Frau nicht da?
Herr Weber:	Leider nein! Kann ich ihr etwas ausrichten?
Frau Schulze:	Sagen Sie ihr doch bitte: In Müllers Kastanienbaum ist eine Kuh.
Herr Weber:	In Müllers Kastanienbaum?

Frau Schulze: In Müllers Kastanienbaum.

Herr Weber: Eine Kuh?

Frau Schulze: Eine Kuh!

Herr Weber: Schönen Dank! Ich werde es meiner Frau ausrichten!

Beide legen den Telefonhörer nieder. Herr Weber überlegt einen Augenblick, dann ruft er die Zeitung an.

Sekretärin: Hier Allgemeine Zeitung.

Herr Weber: Weber ist hier. Ich möchte gern Herrn Patzke sprechen.

Sekretärin: Ist es sehr wichtig?

Herr Weber: Ja, eine sehr wichtige Meldung!

Sekretärin: Wie war bitte Ihr Name?

Herr Weber: Weber, Gerhard Weber, Hüttenstraße.

Sekretärin: Moment, ich verbinde.

Sie verbindet mit dem Reporter, Herrn Patzke, dann legt sie den Hörer ab.

Herr Patzke: Allgemeine Zeitung, Patzke.

Herr Weber: Alois, gut, daß ich dich sprechen kann!

Herr Patzke: Ach, du bist es, Gerhard! Was gibt es denn?

Herr Weber: Ich habe eine tolle Meldung für dich: In Müllers Kastanienbaum ist eine Kuh.

Herr Patzke: So, stimmt das doch! Ich habe schon zwei Anrufe erhalten.

Herr Weber: Wie wird die Kuh nur in den Kastanienbaum gekommen sein?

Herr Patzke: Schönen Dank, Gerhard! Ich fahre sofort zu diesen Müllers. Kannst du mir ihre genaue Adresse sagen?

Herr Weber: Eichenweg 7!

Beide legen den Telefonhörer nieder. Herr Patzke nimmt sich einen Block, einen Kugelschreiber und den Fotoapparat. Er ruft der Sekretärin zu:

Ich bin gleich wieder hier.

Er stürmt davon.

2. Szene

Die Familie sitzt beim Mittagessen: Mutter, Vater, der kleine Christian, Annette, Oma, Opa und Tante Helene. Es klingelt an der Tür.

Vater: Annette, schau mal nach!

Annette steht auf und kommt gleich darauf wieder zurück.

Annette: Da sind ganz viele Leute. Sie kommen alle herein.

Herr Patzke, Herr Weber, die Sekretärin, Frau Schulze, Frau Boller und viele andere drängen ins Zimmer.

Herr Patzke: Entschuldigen Sie bitte und guten Appetit! Ich komme von der Allgemeinen Zeitung. Ich möchte Ihre Kuh im Kastanienbaum fotografieren!

Herr Weber: *und alle anderen*
Wir möchten die Kuh sehen. Wir möchten den Kastanienbaum sehen.

Vater: Unseren Kastanienbaum?

Frau Schulze: Ihre Kuh im Kastanienbaum!

Opa: Aber wir haben doch gar keine Kuh!

Mutter: In unserem Kastanienbaum ist keine Kuh!

Tante Helene: Die Oma hat es aber gesagt!

Oma: Der Opa hat es mir gesagt!

Opa: Annette hat es mir selbst gesagt.

Annette: Ja, der Christian hat gesagt: „Eine Kuh ist im Kastanienbaum!“

Da kommt der kleine Christian hinter dem Tisch hervor. Er geht auf Strümpfen und sagt jammernd:

Mama, mein anderer Kuh ist auch im Baum!

Herr Patzke: Was soll das bedeuten?

Herr Weber: Was meint er?

Mutter: Sein anderer Schuh ist auch im Kastanienbaum. Er kann leider noch nicht „Sch“ sagen!

Herr Patzke: So eine Unverschämtheit!

Die Leute gehen davon.

Mutter: Annette, kletterst du in den Kastanienbaum?

Christian: Holst du sie mir wieder? Erst den einen Kuh, und dann den anderen Kuh!

Aus R. Krenzer: Heute spielen wir Theater, Edition Kemper im Verlag Ernst Kaufmann, Lahr

Mein Gartenzwerg Hyronimus

Text: Rolf Krenzer, Melodie: Martin Göth

He, Gartenzwerg Hyronimus,
mach doch nicht solche Witze!
He, Gartenzwerg Hyronimus,
treib es nicht auf die Spitze!
Da steht er starr und stumm-di-dumm.
Doch kaum dreh' ich mich um,
da angelt der Hyronimus
in meinem Teich herum,
da angelt der Hyronimus
in meinem Teich herum.

Weitere Strophen:

Doch kaum dreh' ich mich um,
da fährt doch der Hyronimus
mit einem Schubkarr'n rum.

...da füttert der Hyronimus
die Vögel ringsherum.

...da spritzt doch der Hyronimus
mit meinem Schlauch herum.

...da geht doch der Hyronimus
mit einem Schirm herum.

...da spielt doch der Hyronimus
mit einem Ball herum. usw.

Zum Schluß:

Was treibt er, wenn es dunkel wird?
Macht er da auch noch Witze?
Im Mondschein dort beim Rosenstrauch,
da seh' ich seine Mütze!
Da steht er starr und stumm-di-dumm.
Doch kaum dreh' ich mich um,
da läuft doch der Hyronimus
mit der Laterne rum,
da läuft doch der Hyronimus
mit der Laterne rum.

Wir stehen ganz starr wie Gartenzwerge. Aber dann, wenn sich der Spielleiter oder die Spielleiterin herumdreht, nehmen wir alle zur gleichen Zeit sogleich eine andere Haltung ein: einen Schubkarren schieben, angeln, Vögel füttern, säen, kehren, den Gartenschlauch halten und so tun, als würden wir spritzen usw....

Hallo, kleine Meise

Ein Rollenspiel in drei Bildern

Es spielen mit:
Meisenmann und Meisenfrau
der Dompfaff
Kinder, die das Meisennest darstellen
viele junge Meisen

1. Bild

Die Meisenfrau sitzt auf einem Schemel und kämmt sich, bürstet sich das Kleid und macht sich schön. Der Meisenmann kommt schüchtern, zunächst im großen Bogen, dann immer näher herbei, sieht ihr aufmerksam zu und zwitschert leise.

Meisenmann: Hallo, kleine Meise!
Ich bleib' bei Ihnen stehn.
Ich hab' mein ganzes Leben lang
nichts Schöneres gesehn.

Meisenfrau: Ein schicker, junger Meisenmann!
Was sehen Sie mich denn so an?

Meisenmann: Sie sind so schön, so lieb und fein!
Ich lad' Sie zum Spazierflug ein!

Meisenfrau: Spazierenfliegen mag ich gern
mit einem netten Meisenherrn.

Meisenmann: So fliegen wir nun viele Runden!
Wie schön, daß wir uns hier gefunden!

Sie fliegen zusammen los, zwitschern leise, fliegen ein paar Runden miteinander, bis der Meisenmann stehenbleibt. Die Meisenfrau fliegt noch etwas weiter, kommt aber dann zu ihm zurück.

Meisenfrau: Mein Herr, Sie bleiben plötzlich stehn!
Was haben Sie? Was ist geschehn?

Meisenmann: Ich kann nicht mehr. Es klopft mein Herz.
Hier drinnen tobt der Liebesschmerz.

Meisenfrau: Sie haben sich in mich verliebt?
Ach, daß es so was Schönes gibt!

Meisenmann: *geht auf die Knie*
Wie heißt du? Bitte sag mir, wie?

Meisenfrau: *Knicks*
Mein Name ist Marie-Cherie.
Und Sie, mein Herr, wie heißen Sie?

Meisenmann: *verbeugt sich tief, zieht gegebenenfalls den Hut*
Sag „du" zu mir, Marie-Cherie.
Ich heiße Karl vom zarten Knie.

Sie fliegen aufeinander zu und umarmen sich.

Beide: Wie schön ist es, verliebt zu sein,
denn jetzt ist keiner mehr allein.

Der Meisenmann packt einen Ring aus und steckt ihn der Braut an den Finger.

Meisenmann: Ein Ring mit einem Edelstein!

Meisenfrau: Wie schön ist es, verlobt zu sein!

Meisenmann: Verliebt, verlobt und obendrein
soll jetzt noch unsre Hochzeit sein.

Meisenfrau: *nimmt den Meisenmann an der Hand, beide fliegen davon*
So fliegen wir jetzt schnell davon,
denn der Herr Pfarrer wartet schon!

2. Bild

Der Dompfaff steht würdevoll und wartet.

Dompfaff: Ein schöner Frühlingstag, fürwahr!
Wo bleibt denn nur das Vogelpaar,
das ich hier heute trauen soll.
Ich glaube, Meisen war'n es wohl!
Mein Dom, das ist der grüne Wald.
Was ist nur? Kommen sie denn bald?

Das Meisenpaar fliegt herbei.

Meisenmann: Hier sind wir! Dompfaff, ach, verzeiht!

Dompfaff: Kommt her! Ich habe wenig Zeit,
denn drüben an dem alten Weiher
steigt schon die nächste Hochzeitsfeier.

Meisenfrau: Herr Dompfaff, noch einmal: Verzeiht!
Hier stehen wir und sind bereit!

Dompfaff: Sprich, liebst du, Karl vom zarten Knie,
die zarte Braut Marie-Cherie?

Meisenmann: Ich liebe sie! Ich liebe sie!

Dompfaff: Wie steht's bei dir? Jetzt sag mir, wie!
Liebst du den Karl, Marie Cherie?

Meisenfrau: Ich liebe Karl vom zarten Knie.
Die Liebe macht mich froh wie nie!

Dompfaff: Die Liebe, die ist wunderbar!
So seid ihr jetzt ein Ehepaar.
Ich wünsche Glück von Herzen beiden.
Und: Laßt euch ja nicht wieder scheiden!

Der Dompfaff fliegt davon.

Hier kann nun das gesamte Lied und Spiel „Ein Vogel wollte Hochzeit machen" eingefügt werden.

3. Bild

Meisenfrau: Mein Karl, nun komm und laß uns schaun,
daß wir jetzt schnell ein Nest uns baun.

Meisenmann: Ich fange an! Du hilfst mir dann.
So ist die Arbeit schnell getan.

Die beiden Meisen gehen auf die Kinder zu, die das Nest spielen und bauen sie zu einem Nest auf.
Wenn das Nest fertig ist, setzt sich die Meisenfrau hinein.

Meisenfrau: Laß mich allein, mein lieber Mann,
daß ich die Eier legen kann.

Der Meisenmann fliegt davon, kommt nach einiger Zeit wieder zurück.

Meisenmann: Mein Liebling, ist es schon soweit?

Meisenfrau: Flieg noch mal los! Laß mir noch Zeit!

Der Meisenmann fliegt wieder davon und kommt zurück.

Meisenmann: Mein Liebling, sag mir, was ist jetzt?

Meisenfrau: Da sind sie! Heil und unverletzt!

Der Meisenmann blickt erstaunt und begeistert in das Nest hinein, in dem die Meisenfrau immer noch sitzt.

Meisenfrau: Flieg wieder los, mein lieber Mann,
daß ich in Ruhe brüten kann.

Der Meisenmann fliegt wieder davon und kommt zurück.

Meisenmann: Wie steht es? Hat sich was getan?

Meisenfrau: Ich sag es dir schon, lieber Mann!

Meisenmann: Ich fliege hin und fliege her.
Ach, Kinderkriegen ist so schwer!

Meisenfrau: Noch einmal fliege ohne mich.
Ist es soweit, dann ruf' ich dich!

Der Meisenmann fliegt wieder davon und kommt zurück. In der Zwischenzeit sind die Meisenkinder heimlich ins Nest zu der Meisenmutter geschlüpft.

Meisenmann: Wann ist's soweit? Ach, sag mir, wann?

Meisenfrau: Komm her und schau sie dir doch an!
Hier sind sie. Kannst du alle sehn?

Meisenmann: Wie sind die Kinder wunderschön!
Wie gut geraten alle sind!

Die jungen Vögel beginnen laut zu schreien.

Meisenfrau: Hörst du, wie hungrig sie schon sind!
Du bist der Vater, ich die Mutter.
Wir fliegen los! Sie brauchen Futter!

Die beiden Vögel fliegen los und kommen abwechselnd mit Futter zurück. Das wiederholt sich mehrmals, bis endlich die jungen Vögel satt sind.

Meisenmann: Ach, wer wird denn so laut weinen!
Sperrt die Schnäbel auf, ihr Kleinen!
Gutes Futter! Bestes Futter!
Seht, da kommt schon eure Mutter.

Er fliegt wieder los.

Meisenfrau: Hier ist Futter! Bitte sehr!
Was, ihr wollt noch immer mehr?

Sie fliegt los. Der Meisenmann kommt zurück.

Meisenmann: Noch mehr Futter! Noch mehr Futter!
Seht, schon wieder kommt die Mutter!

Er fliegt davon.

Meisenfrau: Daß man so viel fressen kann!
Kannst du noch, mein lieber Mann?

Meisenmann: Wenn jeder kriegt und jeder hat,
dann sind sie endlich alle satt.
Hör nur, sie hören auf zu schrein!

Meisenfrau: Sieh nur, jetzt schlafen alle ein.
Wie schön sie sind! Wie lieb sie sind!

Meisenmann: So schön ist jedes Meisenkind.
Er gähnt.
Wie kann man nur so müde sein!
Ich schlaf ja schon von selber ein.
Er legt sich hin und schläft.

Meisenfrau: Ich bin so müde, grad wie du.
Drum lege ich mich auch dazu.
Sag, Liebster, sag mir, schläfst du schon?

Meisenmann: Sei still, ich träume schon davon,
daß unsre Kinder größer sind.
Sie klettern aus dem Nest und dann…
fangen sie bald zu fliegen an.

Die Vogelkinder klettern aus dem Nest, üben das Fliegen und fliegen bald darauf im Kreis um ihre Eltern herum.

Meisenfrau: Genauso wird es bald geschehn.
Ich kann im Traum sie fliegen sehn!

Meisenmann: Wie wunderschön!

Meisenfrau: O weh und ach!

Sie richtet sich auf.

Meisenmann: Was ist?

Meisenfrau: Sie sind schon wieder wach!

Die jungen Vögel beginnen laut zu schreien.

Meisenfrau: Wie hungrig sie schon wieder sind!
Du bist der Vater, ich die Mutter.
Wir fliegen los! Sie brauchen Futter!

Meisenmann: Wir füttern sie noch heut und morgen.
Dann müssen sie sich selbst versorgen.
Und uns geht's wieder wunderbar!

Meisenfrau: Paß auf, bald fliegt die ganze Schar.

Die Vogeleltern fliegen davon, die Vogelkinder klettern aus dem Nest, fliegen eine Runde und fliegen dann hinter ihnen her.

Weil ihr heute Hochzeit feiert

Weil ihr heute Hochzeit feiert,
sagen wir euch beiden:
„Wenn ihr euch auch einmal streitet,
laßt euch nicht gleich scheiden!"

Weil ihr heute Hochzeit feiert,
klingen froh die Lieder:
Wenn ihr euch gestritten habt,
dann vertragt euch wieder!

Weil ihr heute Hochzeit feiert,
woll'n wir euch was schenken,
sollt ihr euer Leben lang
an eure Hochzeit denken.

Wir feiern heute Hochzeit

Wir feiern heute Hochzeit.
Wir werden heut getraut.
Ich bin heut dein Bräutigam,
und du bist meine Braut!

Wir feiern heute Hochzeit.
Das gefällt uns gut.
Du trägst den Schleier und den Kranz,
ich den Zylinderhut.

Wir feiern heute Hochzeit.
Da wird uns viel geschenkt,
weil jeder uns heut zeigen will,
wie lieb er an uns denkt.

Wir feiern heute Hochzeit.
Was schenk' ich dir zum Schluß?
Ich schenke dir und du schenkst mir
jetzt einen Hochzeitskuß.

Das Gedicht kann auch von der Braut gesprochen werden:
„Du bist heut der Bräutigam, und ich bin deine Braut!" usw.

Das haben alle gern

Für die Braut ein weißes Kleid,
dunkler Anzug für den Herrn.
Schleier, einen Blumenkranz
haben alle gern.
Kommt herein! Kommt herein!
Heute soll die Hochzeit sein!

Hochzeitslied

Text: Rolf Krenzer, Melodie: Martin Göth

Die Brautjungfern gehn vorneweg,
um Blumen auszustreuen.
Da sollen Braut und Bräutigam
von Herzen sich dran freuen.
Hochzeit! Hochzeit!

Freut euch, ihr Leut'.
Hochzeit! Hochzeit
feiern wir heut
und gratulieren!

Es führt der Bräutigam die Braut.
Die Braut, die weint ein bißchen
und kriegt, damit's noch schöner wird,
vom Bräutigam ein Küßchen.
Hochzeit! Hochzeit!
Freut euch, ihr Leut'!...

Die Laura läuft hinter der Braut
und trägt die lange Schleppe.
Damit sie nicht am Boden schleift,
hebt sie sie an der Treppe.
Hochzeit! Hochzeit!
Freut euch, ihr Leut'!...

Die Eltern kommen hinterher
mit all ihren Verwandten,
den Freunden und den Freundinnen
und weiteren Bekannten.
Hochzeit! Hochzeit!
Freut euch, ihr Leut'!...

Jetzt geht's zuerst zum Standesamt.
Die Trauzeugen sind wichtig.
Sie nicken und sie sagen dann:
„Sie machen alles richtig!"
Hochzeit! Hochzeit!
Freut euch, ihr Leut'!...

Der Pfarrer fragt das Brautpaar dann:
„Liebt ihr euch denn, ihr beiden?“
Da sehn die zwei sich zärtlich an.
„Wir lassen uns nie scheiden!“
Hochzeit! Hochzeit!
Freut euch, ihr Leut’!…

Sie stecken sich die Ringe an
und lachen voller Freude.
Jetzt sind sie endlich Frau und Mann.
Kommt, feiert mit, ihr Leute!
Hochzeit! Hochzeit!
Freut euch, ihr Leut’!…

Zum Fotografen werden sie
nun auch noch hingefahren,
damit man sich erinnern kann
nach vielen Ehejahren.
Hochzeit! Hochzeit!
Freut euch, ihr Leut’!…

Jetzt aber geht das Feiern los
mit einem großen Essen,
mit Tanz und Spiel und so viel Spaß!
Das wird kein Mensch vergessen.
Hochzeit! Hochzeit!
Freut euch, ihr Leut’!…

Beim Spielen und Singen werden die Namen der Kinder eingesetzt, die Bräutigam und Braut, Brautjungfer usw. darstellen. Jede einzelne Szene kann spielerisch gestaltet werden. Es wird besonders schön, wenn wir uns hochzeitsgemäß verkleiden.

Die Hochzeit

Als Evchens Vater wieder heiratete, war Evchen mit dabei. Sie stand zwischen Julia und ihrem Vater. Julia sagte, daß sie dem Vater eine gute Frau sein wolle. Als sie das sagte, legte sie den Arm um Evchen. Da war Evchen so froh wie seit langem nicht mehr.

Als Evchens Vater mit Julia in der Kirche getraut wurde, stand Evchen auch dabei. Sie sah, wie sich Vater und Julia die Ringe ansteckten. Sie sagten, daß sie sich immer liebhaben wollten.

Da stand Evchen ganz nah bei Julia und ihrem Vater und mußte ein bißchen weinen. Vor Glück.

Als sie in dem großen Saal Hochzeit feierten, da feierte Evchen so lange mit, bis sie so müde war, daß sie nur noch ins Bett wollte. Und an diesem Abend brachte Julia Evchen ins Bett. Auf Evchens Nachttisch stand das Foto von Evchens Mutter. „Soll ich das jetzt wegtun?“ fragte Evchen.

„Warum?“ fragte Julia erstaunt. „Es ist ein schönes Foto von deiner Mutter!“ Evchen mußte weinen, als sie an ihre Mutter dachte. Nun war sie schon über zwei Jahre tot.

„Ich hätte deine Mutter sicher sehr lieb gehabt, wenn ich sie gekannt hätte!“ sagte Julia leise. Da drückte sich Evchen ganz dicht an Julia.

„Aber wie sage ich zu dir?“ fragte sie. „Du bist doch jetzt auch meine Mutter. Aber eine andere!“

„Wie hast du denn deine Mutter genannt?“ fragte Julia.

„Mama!“ antwortete Evchen. „Manchmal auch Niki.“

„Dann sag doch einfach Mutti zu mir!“ meinte Julia und legte den Arm um sie.

„Ja, das geht!“ sagte Evchen schließlich, als sie lange nachgedacht hatte. „Einfach Mutti oder Julia!“

Und dann drückte sie sich ganz eng an Julia und war bald eingeschlafen. Julia saß an ihrem Bett, bis Vater sie endlich holte.

Im Saal warteten alle auf das Brautpaar.

Und wie ist das mit Pfingsten?

„Bis Montag!“ sagt Anna-Lena, als sie sich am Freitag im Kindergarten von Frau Euler verabschiedet.
„Bis Dienstag!“ sagt Frau Euler lachend und gibt ihr die Hand. „Montag ist Feiertag! Da ist noch Pfingsten!“
„Was ist Pfingsten?“ fragt Anna-Lena ihren großen Bruder, als er sie vom Kindergarten abholt.
„Irgend etwas mit Jesus!“ meint Bob. Aber so genau weiß er das auch nicht.
Und Mutti weiß auch nicht recht, was sie sagen soll, als Anna-Lena sie zu Hause danach fragt.
„Das hat etwas mit der Kirche zu tun!“ sagt sie nachdenklich. „Aber wir sind aus der Kirche ausgetreten!“
„Ich auch?“ fragte Anna-Lena. „Und Bob?“
„Ich will aber zur Konfirmation gehen!“ sagt Bob laut. „Da gehen alle aus meiner Klasse hin!“
„Dann mußt du erst getauft werden!“ sagt Mutti, und Bob nickt, weil er das längst schon weiß.
„Und ich?“ fragt Anna-Lena.
„Ich weiß nicht“, sagt Mutti und rührt den Kartoffelsalat um, den es heute zum Mittagessen geben soll.
„Und wie das mit Pfingsten ist, weißt du auch nicht!“ stellt Anna-Lena fest.
„Das hätte euch auch Frau Euler im Kindergarten erzählen können!“ sagt Mutti ein bißchen ärgerlich. „Schließlich ist es doch ein christlicher Kindergarten!“
Anna-Lena versteht nicht, was Mutti meint.
„Vielleicht weiß es Frau Euler auch nicht!“ sagt sie schließlich.
Bob nickt ihr zu. „Du kannst sie ja am Montag einmal fragen!“
„Montag ist noch Pfingsten!“ sagt Anna-Lena nachdrücklich.

Am Samstagnachmittag kommt Oma zu Besuch. Oma kann erklären, warum es Pfingsten gibt.
Nachdem Jesus von seinen Feinden gefangengenommen und getötet worden war, hatten seine Freunde und Freundinnen große Angst. Sie fürchteten, daß man sie auch gefangennehmen und töten würde. Deshalb versteckten sie sich viele Wochen lang.
An Pfingsten aber spürten sie plötzlich, wie sie stark und mutig wurden. Gott nahm alle Angst von ihnen. Sie verließen ihr Versteck und gingen auf die Straße und predigten und erzählten den Menschen von Jesus. Viele Menschen hörten ihnen zu und glaubten ihnen. Sie wollten auch Freunde von Jesus werden. Deshalb ließen sie sich taufen. Sie nannten sich Christen, weil sie an Jesus Christus glaubten. So entstand die erste Kirchengemeinde. Deshalb sagt man auch: Pfingsten ist der Geburtstag der Kirche.
„Du mußt am Dienstag mit mir in den Kindergarten gehen!“ bettelt Anna-Lena dann. „Dann kannst du es Frau Euler und den anderen Kindern erzählen. Ich glaube, die wissen es alle nicht!“
Doch Oma schüttelt den Kopf.
„Gut, daß wir eine Oma haben!“ lacht Bob. „Sonst hätte es bei uns zu Hause auch niemand gewußt!“
„So ist das leider!“ sagt Oma. „Gut, daß ein paar alte Leute es wenigstens noch wissen!“
„Papa weiß es bestimmt auch!“ Da ist sich Bob ganz sicher. „Ich werde ihn am Montag fragen, wenn er uns abholt!“
Montag ist Papa-Tag. Seit Mutti und Papa geschieden sind, kommt er einmal im Monat, um Anna-Lena und Bob abzuholen.
„Und wenn Papa es nicht weiß, dann sagen *wir* es ihm“, erklärt Anna-Lena.

Laßt uns die Hände geben

Pfingstlied und -tanz

Text: Rolf Krenzer, Melodie: Martin Göth

Lang ist unsere Reihe!
Seht, wie wir uns freun!
Christen sind wir, denn Christus ist hier
und läßt uns nie mehr allein.
Hallelu, halleluja,
stimmt alle mit uns ein.
Halleluja, hallelu-u-ja,
er wird immer bei uns sein.

Dreht euch Pfingsten im Reigen!
Tanzt um den Altar.
Christen sind wir, denn Christus ist hier.
Und alles ist wunderbar.
Hallelu, halleluja…

Wir gehen aufeinander zu, sehen uns freundlich an und bilden dann zur zweiten Strophe eine lange Reihe. Wir gehen um den Altar herum.
Zur dritten Strophe tanzen wir den Reigen um den Altar.

Der Winter ist vergangen, der nächste kommt bestimmt

In derselben Ausstattung wie das vorliegende Buch führen wir zum Thema Winter den Titel:

Rolf Krenzer
Winterzeit, Kinderzeit
Neue Geschichten, Spiele und 14 neue Spiellieder
von Martin Göth und Rolf Krenzer
104 Seiten, farbig illustriert, gebunden, ISBN 3-7806-2311-0

Alles, was den Winter für Kinder spannend und interessant macht, vom Martinsfest bis zur Fastnacht, hat Rolf Krenzer in drei Dutzend funkelnagelneuen Geschichten, Gedichten und Liedern eingefangen. Alle Lieder, die für dieses Buch neu entstanden sind, wurden von Martin Göth komponiert und mit vielen Kindern und Original-Instrumenten auf eine CD aufgenommen. Kinder, die beim Vorlesen oder Singen gern mit ins Buch schauen, finden bei den Geschichten und Liedern viele lustige Bilder, die zu eigenen Entdeckungen anregen.

Winterzeit, Kinderzeit
CD mit 14 Liedern
Text: Rolf Krenzer · Melodie und Arrangement: Martin Göth
ISBN 3-7806-2371-4

Winterzeit, Kinderzeit
Buch mit CD · ISBN 3-7806-2372-2